中国旅游发展年度报告书系
Annual Development Report of China's Tourism

中国出境旅游发展年度报告 2023

ANNUAL REPORT OF CHINA OUTBOUND TOURISM DEVELOPMENT 2023

中国旅游研究院 著

北京·旅游教育出版社

图书在版编目（CIP）数据

中国出境旅游发展年度报告. 2023 / 中国旅游研究院著. -- 北京：旅游教育出版社，2023.12
ISBN 978-7-5637-4616-3

Ⅰ．①中… Ⅱ．①中… Ⅲ．①国际旅游—研究报告—中国—2023 Ⅳ．①F592.3

中国国家版本馆CIP数据核字（2023）第245869号

中国出境旅游发展年度报告2023
中国旅游研究院　著

责任编辑	郭珍宏
出版单位	旅游教育出版社
地　　址	北京市朝阳区定福庄南里1号
邮　　编	100024
发行电话	（010）65778403　65728372　65767462（传真）
本社网址	www.tepcb.com
E - mail	tepfx@163.com
排版单位	北京旅教文化传播有限公司
印刷单位	北京中科印刷有限公司
经销单位	新华书店
开　　本	787毫米×1092毫米　1/16
印　　张	7.5
字　　数	93千字
版　　次	2023年12月第1版
印　　次	2023年12月第1次印刷
定　　价	55.00元

（图书如有装订差错请与发行部联系）

《中国出境旅游发展年度报告 2023》
编委会

主　任　戴斌

副主任　李仲广　唐晓云

编　委（按姓氏音序排序）

戴　斌　何琼峰　李仲广　马仪亮　宋子千

唐晓云　吴丰林　吴　普　杨宏浩　杨劲松

《中国出境旅游发展年度报告 2023》
编写组

主　编

　　戴　斌　中国旅游研究院院长、教授、博士

执行主编

　　杨劲松　中国旅游研究院国际研究所（港澳台研究所）所长

成　员

　　朱昊赟　韩　霄　白慧茹　张　燕　张金山

　　刘祥艳　李隆辉　刘　鑫　韩晋芳

践行全球文明倡议，建设世界旅游共同体①

2022年9月，正是疫情对旅游业影响最严重的时候，我在澳门特别行政区的会议上提出，"做出年底年初迎接入出境旅游市场复苏的准备"。之所以对旅游业始终保持乐观的预期，是因为"读万卷书，行万里路"一直都是中华民族的优良传统，出国旅游尤为人民所向往，国家公共卫生、对外贸易和旅游产业政策是以保障人民的旅游权利为宗旨和导向的。希望有更多的中国游客到访世界其他国家和地区，也希望中国游客获得的不仅是风景、美食和购物的体验，还有更多的精神享受和更深入的文化交流，更希望全球业者因势利导、顺势而为，在全球文明倡议的指引下，共建世界旅游共同体。

一、世界旅游共同体的时机已经成熟，条件已经具备

建设世界旅游共同体是全球旅游业可持续发展的需要。旅游是人类长存的生活方式，保障世界各国各地区人民自由往来，在相互交往的过程中各美其美、美美与共，是世界各国各地区共同的责任。近年来，气候与环境变化、公共卫生事件、战争和恐怖袭击、贸易保护主义和逆全球化对旅游业的影响日趋增加。为应对长期挑战，推进疫后旅游复苏和经济增长，包括全球旅游业要团结起来，推动公共和私营部门形成新时代旅游发展的思想共识、政策合力和动能创新。回顾历史，在文化中心主义、经济霸权主义和地缘政治影响下，全球旅游治理、政策协调和市场协同机制还没有完全取得预期效果。长期以来，对于旅游产业功能，特别是目的地经济增长的过度强调，正在面临环境保护、文化生态、过度旅游等发展伦理的拷问。值此旅游复苏和

---

① 应韩国济州特别自治道和澳门世界旅游经济论坛等有关机构的邀请，中国旅游研究院院长戴斌参加相关活动，发表的主题演讲。

产业振兴的关键时刻，践行全球文明倡议，构建世界旅游共同体，对于稳住消费预期、培育产业创新动能和重塑全球旅游供应链，无疑具有十分明显的现实意义。

建设世界旅游共同体是世界经济社会可持续发展的需要。我们看到了旅游业对经济社会发展和文明演化的积极影响和促进作用，也看到了诸如旅游"飞地"、过度旅游、文化冲突、道德弱化、环境影响等需要正视的负面问题。就是从经济影响的角度看，旅游业在对不同国家和地区的影响也不尽相同，欠发达国家和地区在全球旅游经济体系获得的份额相对较低。根据世界银行的数据，国际游客主要到访的目的地仍然以 80 个高收入经济体为主，其他 130 多个中低收入经济体的国际游客接待量占比在 1995 年仅有 27%，之后虽有小幅增长，2019 年也只达到 36.6%。只有让世界各国各地区都能够从旅游发展中获得经济增长、就业岗位、削减贫困、推进社区振兴、保护传统和文化遗产等收益，这个世界才能变得更好，旅游业才可能持续发展下去。随着人民旅游权利意识的觉醒，特别是新兴经济体、发展中国家在世界旅游发展格局中的崛起，倡导世界旅游共同体，共商共建全球旅游新格局的时机已经成熟，条件已经具备。

建设世界旅游共同体有助于全球旅游治理体系和治理能力的现代化。文明交流超越文明隔阂、文明互鉴超越文明冲突、文明包容超越文明优越，是全球旅游治理的理想目标和共同价值。循此思想，各国各地区的政府部门和公共机构有责任引导旅游者、从业者和社区居民正确地看待相互差异，理性地处理彼此分歧。旅游立法、发展规划、市场监管、公共安全机构最大限度地保障每个人的旅游权利，旅游投资、项目建设、旅行服务、旅游住宿、餐饮、购物和休闲娱乐企业向旅游者提供安全、平等、高效率和高品质的接待服务，环球旅行者在领略山河壮美、领悟文化之美的同时，也充分尊重目的地经济社会发展的权利。这就要求各国各地区在明确主权范围内的旅游发展决策权和旅游市场管理权的同时，共商共建面向未来的全球旅游发展战略，寻求最大公约数，画出最大同心圆。无论是跨境交付、自然人流动，还是商业存在，都要在广泛协商的基础上，凝聚最大限度的发展共识，帮助不同文化背景、不同发展程度的国家和地区选择相应的旅游发展模式，维护目的地人民合理表达利益发展诉求和分享旅游发展成果的权利。

二、在全球文明倡议下，共建共创共享世界旅游共同体

促进文明交流互鉴，繁荣世界文明百花园是构建世界旅游共同体的指导思想。伴随政治、宗教、外交、教育、贸易等活动而来的旅行有着悠久的历史，踏青、登高、雅集、访友、宦游等本地休闲和近程旅游活动也多见于文献记载，如李白、苏东坡、徐霞客的人文之旅。启蒙运动、工业革命和贸易的扩展，推动了旅行与旅游服务的市场化进程。1841年，托马斯·库克创办了第一家旅行社（Thomas Cook & Sons Ltd.），拉开近代旅游业的帷幕。围绕为什么发展旅游、为谁发展旅游、依靠什么发展旅游和发展什么样的旅游，世界各国的政治家、企业家和专家学者在过去的两百年里，提出了一系列的旅游经济思想和政策主张，为世界旅游共同体构建了理念共识和价值取向。

保障旅游权利，促进人的全面发展是世界旅游共同体的发展目标。让不同地域、不同肤色、不同文明的人在这颗蓝色的星球上自由行走，万卷书易读，万里路不难，则是当代旅游发展的价值取向和根本遵循。共存共在要求不同的旅游行为主体相互承认彼此的独特存在，尊重彼此的意愿和权利，并愿意在此基础上进行良性互动。旅游者有分享世界自然和文化遗产、体验不同文化和美好生活的权利，目的地居民也有追求经济社会发展和生活水平现代化的权利。所有国家和地区都有权选择自己的旅游发展道路，制定相应的促进政策和发展规划，平等参与国际旅游事务并发表独立见解，所有国家和地区的旅游发展实践都受到充分尊重，成功的案例都应得到认可和推广。出现包括地缘政治在内的贸易分歧和争端时，应当也可以通过双边对话和多边协商的方式寻求解决之道，而不是采取签证、移民、支付等技术壁垒，更不能以退出或者要求其他国家退出国际组织和多边机制相威胁。

建设世界旅游共同体需要共商共建共享，每位成员都要承担共同而有区别的责任。共商共建意味着广泛吸纳东方和西方、资本和社会、政府和市场的多元力量广泛参与，摹画和塑造全新的全球旅游治理体系。各行为主体必须尊重其他行为主体共商共建的合法权利，尊重其他行为主体提升自身在全球旅游规则制定权、议程设置权和国际话语权的努力。全球旅游治理的改善过程应当充分考虑各行为主体的合理诉求，任何独断专行和垄断国际话语权

的做法和意图都是不可接受的。在促进全球旅游治理体系和治理能力现代化进程中坚持"共同但有区别"的原则，尽可能地增强新兴经济体和发展中国家在全球旅游治理中的权利，以增加全球旅游发展伦理的合意性。所有成员在关心自己旅游发展的同时，也必须关心其他成员的旅游发展，世界旅游发展成果要尽可能惠及所有国家地区的消费主体、市场主体和社区居民，特别是欠发达国家的妇女、儿童、老年人、残疾人等弱势和边缘群体。

三、建设世界旅游共同体的中国政策主张

着眼当下，共建疫后旅游新格局。疫情过后，高质量旅游复苏、携手前行已成为全球旅游业的广泛共识。但是旅游业面临的全球性问题并没有随之消失，重构面向未来的供应链，实施共建共享的旅游可持续发展体系的挑战更大了。世界人民期盼旅游助力和平与发展，期盼更加公平正义的旅游发展，也期盼更加包容、更有韧性的全球旅游治理机制。中国正在加速重归世界旅游体系，应当稳步开放入出境旅游市场，实施更加便捷和高效的签证、移民、口岸、边检和金融支付政策。实施更加有力的入境旅游振兴战略的同时，加快推进亚洲旅游促进计划、"一带一路"旅游合作计划，加快与东盟、拉美、非洲、中东欧、南太平洋岛国的旅游合作进程，不再谋求任何时候对任何国家和地区的旅游和旅行服务贸易顺差。用好世界旅游组织、世界旅游与旅行理事会、亚太旅游协会、欧洲旅游委员会等传统的国际旅游组织，世界旅游联盟、世界旅游城市联合会、国际山地旅游联盟等中国发展的国际旅游组织，创新双边、多边、区域和全球旅游合作机制，繁荣市场、扩大投资，重构世界旅游经济新格局。

面向未来，共商文明旅游新共识。长期以来，我们对旅游业的认识是经济属性强、市场化程度高的现代服务业。今天，该是重视旅游的社会属性并彰显其对文化建设和文明演化作用的时候了。坚持以文塑旅、以旅彰文，推动文化和旅游深度融合，促进旅游业健康、有序和高质量发展。坚持大众旅游的人民性、智慧旅游的现代化、绿色旅游的未来感和文明旅游的世界观。保持量的合理增长和质的有效提升，让国民大众"有得游、游得起、游得舒心、玩得放心"，将"游客满意度高不高""市场主体竞争力强不强""发展

动能新不新"作为新时代旅游业高质量发展的衡量指标。中国对世界旅游业的贡献不仅是持续增长的出境旅游人次和消费，还有新时代旅游发展的思想、智慧和力量。引导游客与自然相谐共生，与文化遗产守望相助，与当地居民平等交流，努力构建开放共享主基调的文明旅游新境界。

用好平台，创设旅游合作新机制。经过四十多年的发展，中国不再寻求任何时候对任何国家都保持旅游和旅行服务贸易顺差，而是强调立足国内旅游大市场，统筹入境和出境旅游双循环，更好地满足人民对美好旅游生活的需求，为世界旅游繁荣和经济增长做出更大贡献。通过"亚洲旅游促进计划"、"一带一路"倡议、上海合作组织、亚太经合组织等多边机制，以及互办旅游年、中国—中东欧国家博览会等双边活动，让世界共享中国机遇。统筹协调外交、移民、海关、口岸、工业与信息化、金融、文化和旅游等部门，实施更加便利化的签证、边检、支付、物流政策，以更高品质的国内资源开发、产品创新和公共服务满足海外游客的居停需求。重点推进与欧盟、东盟、东亚、东北亚、非洲、拉美和中东国家的旅游合作，将游客满意和旅游权利纳入发展议题，稳步实现世界旅游共同体的早收清单。

2023 年 9 月

目 录
CONTENTS

第一章 再出发：可见的复苏和可期待的繁荣 …………………………… 1
    一、挣脱疫情束缚的政策线 ………………………………………… 2
    二、拥抱复苏的市场线 ……………………………………………… 6

第二章 确定性和不确定性交织下的出境旅游 …………………………… 15
    一、长期的确定性因素 ……………………………………………… 16
    二、短期的不确定因素 ……………………………………………… 27

第三章 市场的现实和期待 …………………………………………………… 31
    一、出境游客人口统计特征 ………………………………………… 32
    二、出境游客消费决策影响因素 …………………………………… 35
    三、出境游客消费决策特征 ………………………………………… 38
    四、出境游客消费结构特征 ………………………………………… 43
    五、未来出境旅游消费特征和意向 ………………………………… 45
    六、对出境旅游的期待 ……………………………………………… 51

第四章　修复与行动 ·· 55
　　一、发展环境的修复 ··· 56
　　二、主要出境目的地的行动 ··· 64
　　三、市场主体的期望和行动 ··· 68

第五章　变化中的目的地满意度 ·· 71
　　一、出境游客的满意度 ··· 72
　　二、目的地满意度状况 ··· 72

第六章　对未来的判断和展望 ·· 99
　　一、影响出境旅游恢复发展的因素分析和未来判断 ······················ 100
　　二、建议 ·· 101

后　记 ·· 104

第一章

再出发：可见的复苏和可期待的繁荣

2023年年初,我国开始对新型冠状病毒感染实施乙类乙管的举措,在这一背景下,我国出境游市场开始重启,在经历了寒冷凛冽的冬日后走向万物复苏的春天。截止到2023年8月,出境旅行社和在线旅游企业出境团队游的试点国家增加至138国;签发港澳台签注恢复至2019年的九成以上,签发普通护照恢复至2019年的六成以上,出入境人员和车辆呈现大幅增长。

一、挣脱疫情束缚的政策线

国务院应对新型冠状病毒感染疫情联防联控机制综合组在《关于印发对新型冠状病毒感染实施"乙类乙管"总体方案的通知》中指出,2023年1月8日,对新冠病毒感染者采取如下举措,即不再对新冠病毒感染者实行隔离措施;不再判定密切接触者;不再划定高低风险区;对新冠病毒感染者实施分级分类收治并适时调整医疗保障政策,检测策略调整为"愿检尽检";调整疫情信息发布频次和内容。此外,优化对中外人员管理,逐步恢复水路、陆路口岸客运出入境;取消"五个一"及客座率限制等国际客运航班数量管控措施;各航司继续做好机上防疫,乘客乘机时须佩戴口罩;根据国际疫情形势和各方面服务保障能力,有序恢复中国公民出境旅游。之后,文化和旅游部办公厅分别于2023年2月6日、3月15日和8月10日分三个批次,恢复了全国旅行社及在线旅游企业经营的出境团队游和"机票+酒店"业务的138个试点国家(详见表1-1)。

表1-1 2023年三个批次恢复旅行社经营中国公民出境团队旅游业务的国家名单

恢复时间	批次	国家（地区）名单
2月6日	第一批（20个）	泰国、印度尼西亚、柬埔寨、马尔代夫、斯里兰卡、菲律宾、马来西亚、新加坡、老挝、阿联酋、埃及、肯尼亚、南非、俄罗斯、瑞士、匈牙利、新西兰、斐济、古巴、阿根廷
3月15日	第二批（40个）	尼泊尔、文莱、越南、蒙古、伊朗、约旦、坦桑尼亚、纳米比亚、毛里求斯、津巴布韦、乌干达、赞比亚、塞内加尔、哈萨克斯坦、乌兹别克斯坦、格鲁吉亚、阿塞拜疆、亚美尼亚、塞尔维亚、克罗地亚、法国、希腊、西班牙、冰岛、阿尔巴尼亚、意大利、丹麦、葡萄牙、斯洛文尼亚、瓦努阿图、汤加、萨摩亚、巴西、智利、乌拉圭、巴拿马、多米尼加、萨尔瓦多、多米尼克、巴哈马

续表

恢复时间	批次	国家（地区）名单
8月10日	第三批（78个）	**亚洲**：阿曼、巴基斯坦、巴林、韩国、卡塔尔、黎巴嫩、孟加拉国、缅甸、日本、土耳其、以色列、印度 **非洲**：阿尔及利亚、埃塞俄比亚、贝宁、博茨瓦纳、赤道几内亚、佛得角、加纳、喀麦隆、科特迪瓦、卢旺达、马达加斯加、马拉维、马里、摩洛哥、莫桑比克、塞舌尔、圣多美和普林西比、突尼斯 **欧洲**：爱尔兰、爱沙尼亚、安道尔、奥地利、白俄罗斯、保加利亚、北马其顿、比利时、波黑、波兰、德国、芬兰、荷兰、黑山、捷克、拉脱维亚、立陶宛、列支敦士登、卢森堡、罗马尼亚、马耳他、摩纳哥、挪威、瑞典、塞浦路斯、斯洛伐克、英国 **北美洲**：安提瓜和巴布达、巴巴多斯、格林纳达、哥斯达黎加、美国、墨西哥、特立尼达和多巴哥、牙买加 **南美洲**：秘鲁、厄瓜多尔、哥伦比亚、圭亚那、苏里南、委内瑞拉 **大洋洲**：澳大利亚、巴布亚新几内亚、库克群岛、密克罗尼西亚联邦、北马里亚纳群岛联邦、法属波利尼西亚、法属新喀里多尼亚

资料来源：文化和旅游部办公厅官网。

国家移民管理局公布的数据显示，在实施疫情"乙类乙管"方案后两个月，全国移民管理机构检查出入境人员、出入境交通运输工具数量、签发普通护照、港澳台证件签注和外国人签证和停留证件均呈现不同幅度的上升。自2023年1月8日至3月7日，全国移民管理机构共检查出入境人员3972.2万人次，出入境交通运输工具248.7万辆（艘、架、列）次，同比分别上升112.4%、59.3%。全国移民管理机构共签发普通护照336.2万本、往来港澳台证件签注1267.2万本（件），较"乙类乙管"政策实施前分别上升1220.9%和837.7%（见表1-2）。

2023年上半年，全国移民管理机构检查出入境人员和出入境交通运输工具数量恢复至2019年同期五成以上，港澳台证件签注恢复最快，已达2019年同期九成以上，签发普通护照恢复至2019年同期六成以上，人员出入境的恢复态势良好。全国移民管理机构共查验出入境人员1.68亿人次，同比增长169.6%，是2019年同期的48.8%，其中内地居民8027.6万人次，港澳台居民7490.3万人次，外国人843.8万人次（不含边民）。查验交通运输工具983.1万架（艘、列、辆）次，同比增长119.2%，是2019年同期的53.8%，其中飞机20.4万架次，船舶19.1万艘次，火车4.4万列次，汽车939.2万辆次。签发普通护照1000余万本，同比增长2647.5%，是2019年同期的68.2%。

7月1日至8月29日，全国边检机关共查验出入境人员8241.3万人次，环比增长19.88%。其中，内地居民4119万人次，环比增长26.24%；港澳台居民3246.6万人次，环比增长12.82%；外国公民506万人次，环比增长22.31%。查验出入境交通运输工具411.9万架（艘/列/辆）次，环比增长6.85%。全国公安机关出入境管理机构共签发普通护照342万本，往来港澳台通行证及签注1858.5万本次，环比分别上升7.1%、27.5%。

表1-2 2023年三个时间段查验出入境人员和交通、签发护照和港澳台签注的统计

日期	查验出入境人员（人次）	出入境交通运输工具（架/艘/列/辆次）	普通护照（本）	港澳台证件签注（本次）
1月8日—3月7日	3972.2万	248.7万	336.2万	1267.2万
2023年上半年	16 800万	983.1万	1000余万	4279.8万
7月1日—8月29日	8241.3万	411.9万	342万	1858.5万

资料来源：国家移民管理局官网。

中国民用航空局数据显示，2022年中国民航国际航线旅客运输量为186.08万人次，较2021年的147.72万人有25.97%的增长，但距离2019年7425.43万人次的运输量相比，仍有相当大的差距，降幅达到97.5%（见图1-1）。

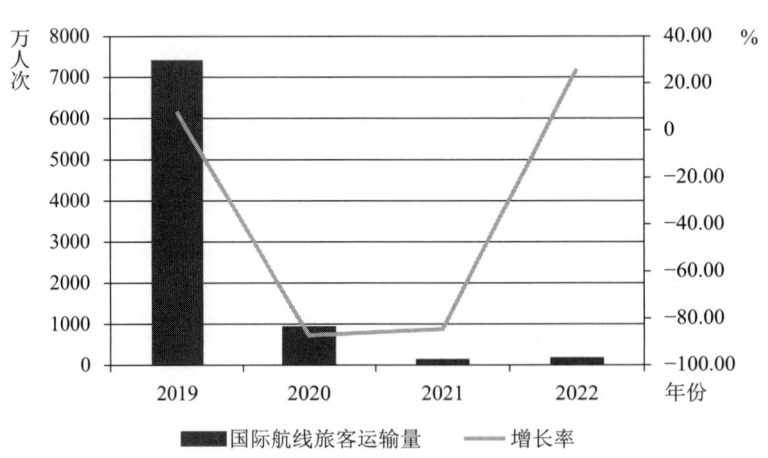

图1-1 2019—2022年中国民航国际航线旅客运输量

资料来源：中国民用航空局。

在2023年1月至8月期间，我国国内港澳台航班与国际航班的旅客运输量

均有不同程度的增长。国内港澳台航班的旅客运输量从 20.1 万人次增加至 75.4 万人次，其中 3 月和 7 月的旅客运输量增长幅度较大。国际航班的旅客运输量从 44.2 万人次增加至 364.5 万人次，4 月、6 月和 7 月的旅客运输量的增长幅度更为明显（见图 1-2）。

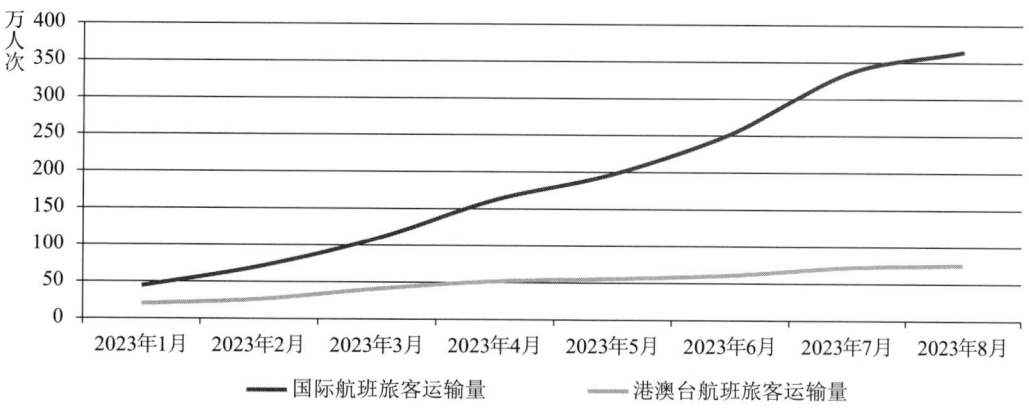

图 1-2　2023 年 1~8 月港澳台和国际航班旅客运输量

资料来源：中国民用航空局。

2023 年 1~8 月与 2019 年同期相比，国际航空运输量恢复至五成以上，港澳台航空运输量恢复至八成以上（见图 1-3、图 1-4）。

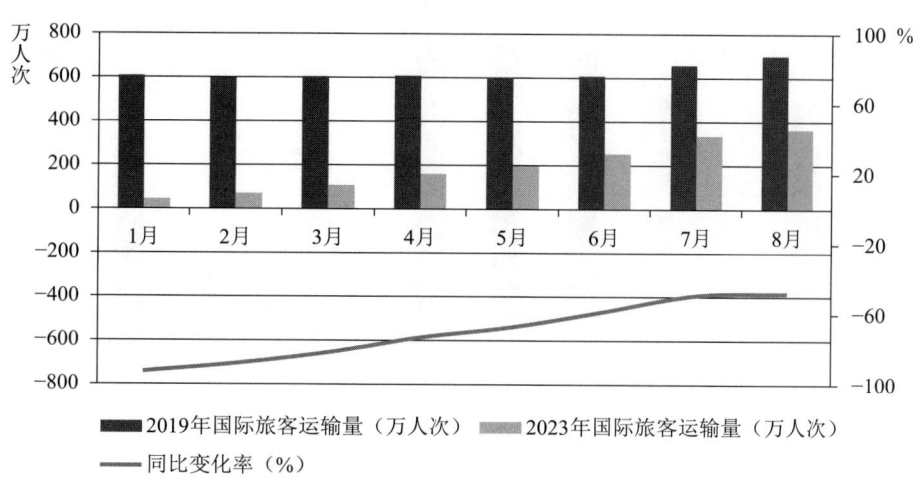

图 1-3　2023 年 1~8 月与 2019 年同期相比国际航班旅客运输恢复量及变化

资料来源：中国民用航空局。

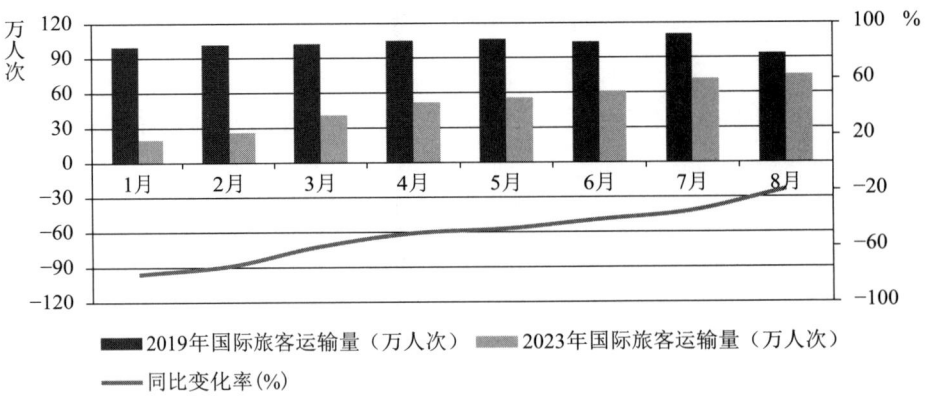

图 1-4　2023 年 1~8 月与 2019 年同期相比港澳台航班旅客运输恢复量及变化

资料来源：中国民用航空局。

二、拥抱复苏的市场线

与疫情应对政策优化相对应的，是出境旅游市场的明显复苏。2023 年预测出境旅游人数为 8950 万人次，与 2019 年相比同比恢复至 58%（见图 1-5），与 2022 年相比，同比增长 316%。

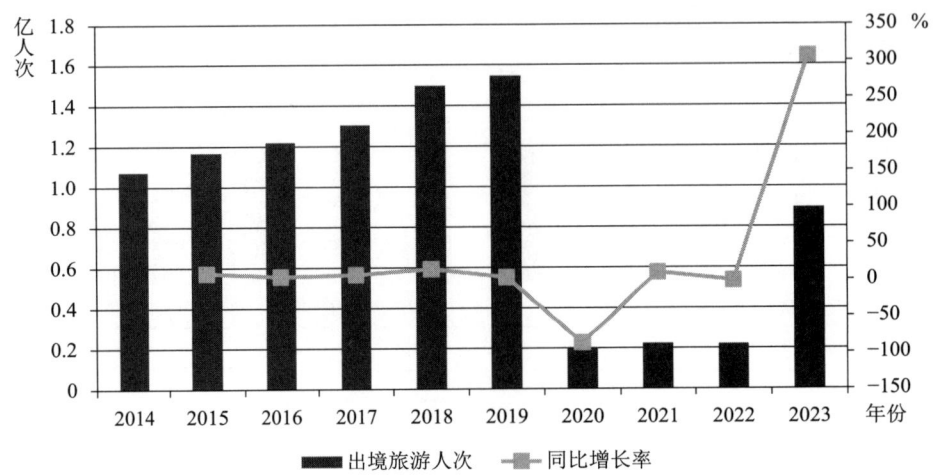

图 1-5　2014—2023 年我国出境旅游人数[①]

资料来源：中国旅游研究院（文化和旅游部数据中心）。

---

① 其中 2023 年出境旅游人数为估算。

我国出境旅游市场复苏进程低于世界平均水平。随着全球疫苗接种率的提升和旅行限制的逐步解除，国际旅游逐渐走出疫情阴霾，在2022年持续快速地释放复苏信号。从国际游客到达人数来看，2022年国际游客到达人数继续止跌回升，人数回升至9.63亿人次，较2021年增长116%，恢复至2019年疫情前水平的65.7%（见图1-6）。

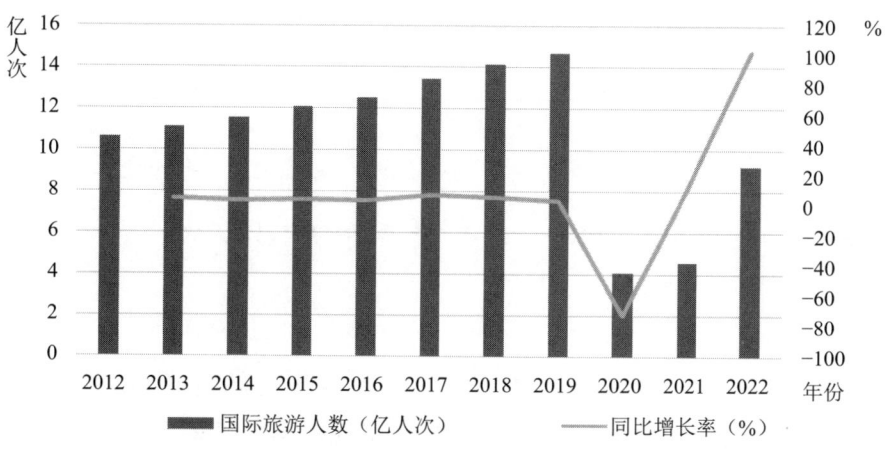

图1-6　2012—2022年全球国际游客人数和同比增长率

资料来源：世界旅游组织。

2023年全球国际游客到达人数实现持续增长。2023年上半年，国际游客到达人数为5.53亿人次。与2021年同期相比，增长1.97亿人次，同比上涨55.14%，恢复到2019年同期水平的82.84%（见图1-7）。根据中国旅游研究院测算，总体恢复率不足2019年同期的40%，且多个出境旅游目的地的市场恢复程度只相当于2019年同期的10%~20%。截至2023年4月，访问美国的游客仅为2019年的19%，法国、希腊的情况也类似；截至9月，泰国为17%，澳大利亚不超过13%，奥地利也只有14%。

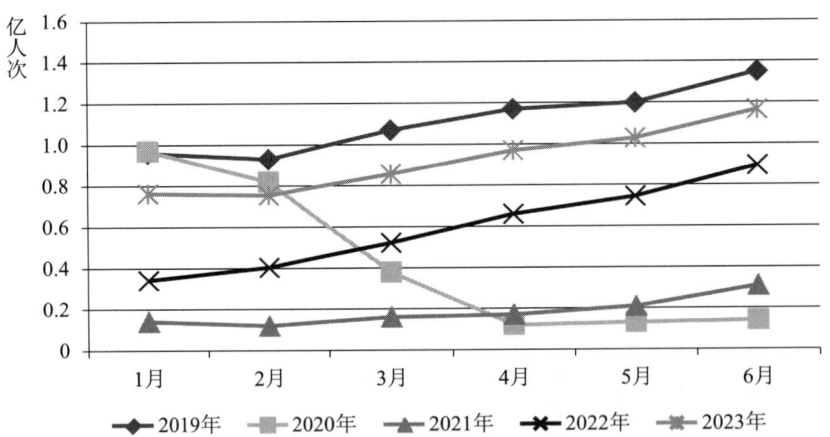

图 1-7 2019—2023 年 1~6 月国际游客到达人数

资料来源：世界旅游组织。

分区域市场观察，2023 年，中东地区旅游业恢复超过了 2019 年水平，欧美地区的恢复也较快。根据世界旅游组织公布的数据，2023 年 1 月至 7 月国际游客到达人数与 2022 年同期相比增加 45.59%，国际旅游业恢复至 2019 年同期水平的 84.14%。其中，中东地区旅游业完全复苏甚至有较大增长，国际游客到达数与 2019 年同期相比增长 20%。非洲和欧洲地区恢复速度较快，国际游客到达人数分别恢复至 2019 年同期水平的 92% 和 91%。美洲地区紧随其后，亚太地区恢复最慢，国际游客到达人数仅恢复至 2019 年同期的 61%。

随着我国旅游市场动能和居民出境游意愿的增强，亚太地区的国际旅游复苏节奏有望明显加快。开放的出境团队游既延续了周边游和短线游的热度，也推动了长线出境游市场的恢复。

出境目的地结构保持稳定，但中国游客在主要目的地的市场份额下降明显。从旅行社组织的团队出境游角度观察，如图 1-8 所示，2023 年上半年我国出境游在洲际目的地结构占比中，亚洲的比例较 2021 年稍有回落，但仍以 88.43% 的占比位居第一。之后依次为欧洲（7.46%）、非洲（2.36%）、大洋洲（1.11%）和美洲（0.30%）。

第一章 再出发：可见的复苏和可期待的繁荣
Chapter 1 Starting Again: Visible Recovery and Anticipated Prosperity

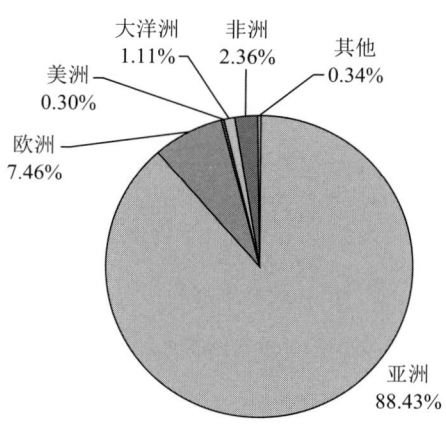

图1-8 2023年上半年旅行社组织的出境游洲际市场分布

资料来源：文化和旅游部官网。

受签证、移民、疫控、民航、口岸、海关等政策影响，以及俄乌冲突、泰国和缅甸等东南亚国家游客人身安全等负面新闻、日本排放核污水、中美关系波动等事件波及，我国出境游目的地结构发生了明显变化。我国出境游客在周边主要出境旅游目的地的客源结构占比中逐渐减少。在日本，我国（内地）游客所占日本国际游客总人数的比重持续下降，由2019年的30%下降为2020年的26%和2021年的17%，2022年更是进一步下降至5%。在越南，中国游客占国际游客总人数的比重总体上也在缩减，由2019年的32%下降为2020年的25%，即便2021年回升至37%，但2022年又快速下降至3%。在柬埔寨，中国游客所占的比重由2019年的36%下降为2020年的25%和2021年的23%，2022年比例仍旧持续走低，仅为5%（见图1-9至图1-11）。

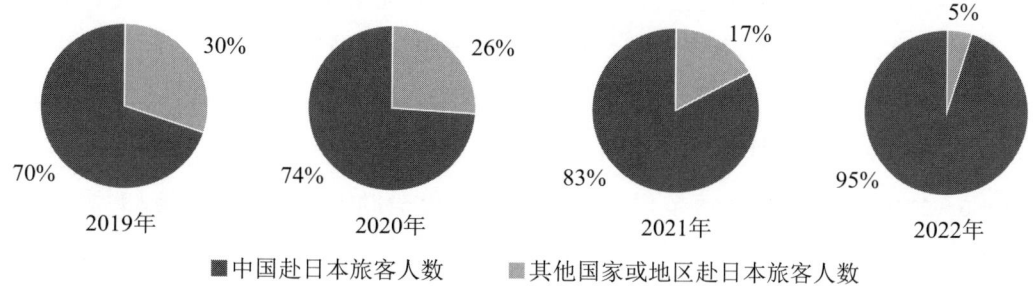

图1-9 2019—2022年中国赴日本游客人数占日本国际游客总人数的比例

资料来源：日本观光局。

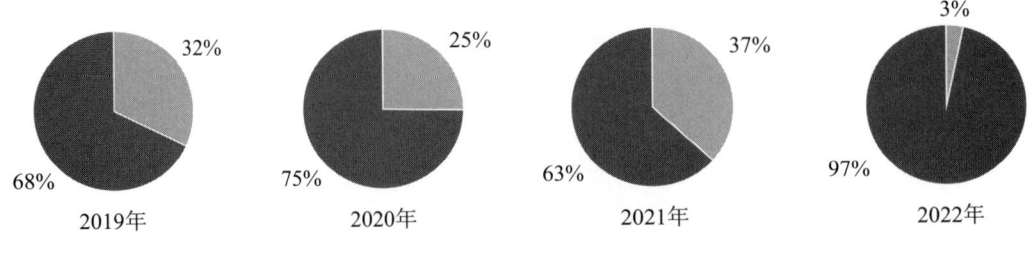

图 1-10　2019—2022 年中国赴越南游客人数占越南国际游客总人数的比例

资料来源：越南统计总局。

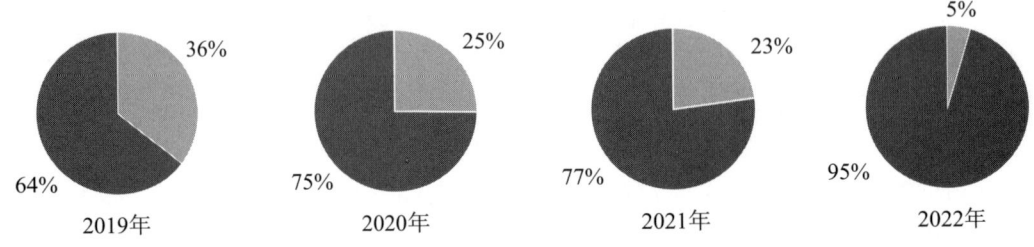

图 1-11　2019—2022 年中国赴柬埔寨游客人数占柬埔寨国际游客总人数的比例

资料来源：柬埔寨旅游局。

欧洲、非洲等远途旅游目的地市场日益受到中国游客青睐。2023 年上半年，我国（内地）旅行社组织的出境旅游目的地前十位依次是泰国、中国香港、中国澳门、越南、新加坡、马来西亚、印度尼西亚、法国、埃及和意大利。与 2019 年相比，日韩等传统旅游目的地逐渐被新兴旅游市场所取代，欧洲和非洲正在逐渐成为我国出境主要旅游目的地，并得到快速成长。

表 1-3 为 2019 年上半年及 2023 年上半年我国（内地）旅行社组织出境旅游目的地人数情况排序。

表 1-3　2019 年上半年及 2023 年上半年我国（内地）旅行社组织出境旅游目的地人数情况排序

排序	2019 年上半年	2023 年上半年
1	泰国	泰国
2	日本	中国香港

续表

排序	2019年上半年	2023年上半年
3	中国香港	中国澳门
4	越南	越南
5	中国台湾	新加坡
6	中国澳门	马来西亚
7	新加坡	印度尼西亚
8	马来西亚	法国
9	印度尼西亚	埃及
10	韩国	意大利

资料来源：文化和旅游部官网。

港澳作为出境主要旅游目的地的优势持续扩大。2022年赴港澳台地区的内地（大陆）游客人数较少。根据我国港澳台地区旅游管理部门和统计网站公布的数据，2022年内地（大陆）赴港澳台旅游总人数为550.51万人[①]，与2021年相比下降161.90万人，仅恢复至2019年7.40%的水平，为新冠疫情以来游客人数最低位。其中，2022年中国内地访港人数为37.51万人次，较2021年增长470.8%；2022年中国内地访澳人数为510.59万人次，较2021年下降27.52%；2022年中国大陆访台人数为2.4万人次，较2021年增长80.90%。

2023年5月11日，国家移民管理局发布公告，进一步调整优化若干出入境管理政策措施。自2023年5月15日起，全面恢复口岸快捷通关，全面恢复内地居民赴港澳团队旅游签注"全国通办"，实施内地居民申办赴港澳地区探亲、工作、学习证件"全国通办"，调整在澳门就读的内地学生逗留签注有效期。此后，内地（大陆）赴港澳台旅游的复苏趋势明显加快。2023年1~6月，中国内地访港人数为1011.08万人，较2022年同期增长16 219.0%；中国内地访澳门人数为754.4万人次，较2022年同期增长141.0%；中国大陆赴台人数为0.6万

---

① 资料来源：根据我国港澳台地区统计网站公布的计算。

人，较 2022 年同期增长 17.5%①。

港澳地区在接待内地出境游客上的突出表现，离不开各方的共同努力。2022 年，各方合作举办了香港故宫文化博物馆开幕典礼及"亚洲文化合作论坛"，开展了庆祝香港回归 25 周年文化遗产系列活动。同时，合作完成在澳门举办的中国（澳门）创意产业大会、澳门旅游博览会等重要会议，推动了港澳 18 个项目获得国家艺术基金资助。顺利举办"情系三江源·大美青海情"联谊活动、两岸非物质文化遗产月等活动。

截至 2022 年年末，我国（内地）在全球设有 45 家海外中国文化中心，20 家驻外旅游办事处，在香港设有亚洲旅游交流中心，在台湾设有海峡两岸旅游交流协会台北办事处、高雄办事分处。

出境旅游市场主体持续承压。2022 年我国入出境团队旅游及"机票＋酒店"业务暂未恢复，旅行社出境游业务发展持续受限。如图 1-12 所示，2022 年度全国旅行社营业总收入为 1601.56 亿元，较 2021 年同比下降 13.76%，恢复至 2019 年 22.55% 的水平。其中，2022 年全国旅行社出境旅游营业收入 10.94 亿元，较 2021 年同比上涨 65.01%，恢复至 2019 年 0.51% 的水平。出境旅游营业收入占全国旅行社旅游业务营业收入总量的 0.68%（见图 1-13）。

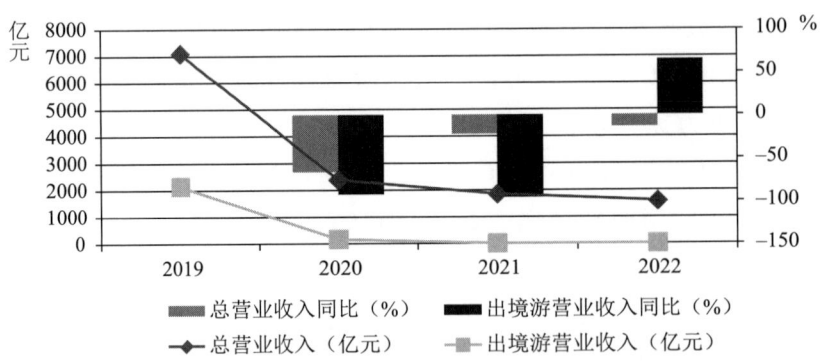

图 1-12　2019—2022 年中国旅行社出境旅游营业收入与旅行社营业总收入

资料来源：文化和旅游部官网。

---

① 资料来源：根据我国港澳台地区统计网站公布的计算。

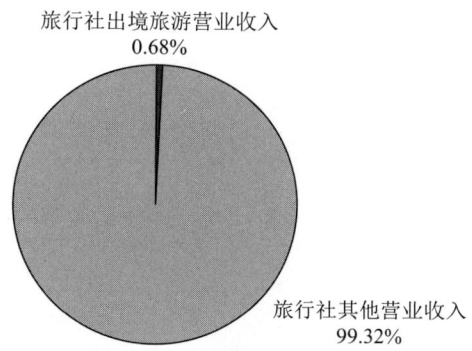

图 1-13　2022 年中国旅行社出境旅游营业收入占旅行社营业总收入份额

资料来源：文化和旅游部官网。

与之相对应，受疫情影响，2022 年我国旅行社总体仍在承受较大的生存压力，出境旅游营业利润为 -0.25 亿元，与 2021 年我国旅行社出境旅游营业利润 -0.44 亿元相比，2022 年出境旅游营业利润同比增长 43.18%（见图 1-14）。其中，2022 年我国旅行社出境游营业利润占旅行社总体营业利润的比重仅为 0.36%（见图 1-15），与 2021 年出境游营业利润占旅行社总体营业利润的比重的 0.02% 相比，增长了 1715%，比例恢复至 2019 年的 1.44% 的水平。与 2019 年相比，2022 年出境旅游营业收入损失近 90 亿元。以 2019 年为基准测算，疫情以来我国旅行社出境旅游营业收入总计减少约 6000 亿元，营业利润总计减少约 300 亿元。

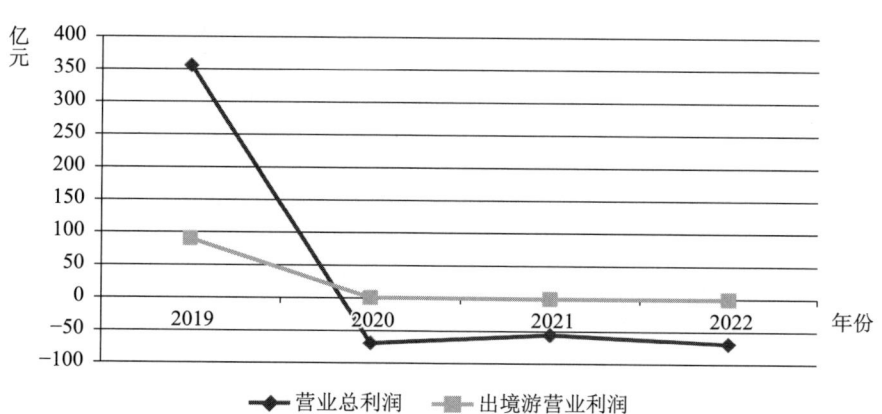

图 1-14　2019—2022 年中国旅行社出境旅游营业利润与旅行社营业总利润

资料来源：文化和旅游部官网。

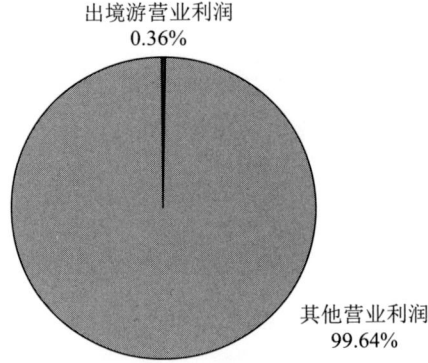

图 1-15　2022 年中国旅行社出境旅游营业利润占旅行社营业总利润份额

资料来源：文化和旅游部官网。

第二章
确定性和不确定性交织下的出境旅游

一、长期的确定性因素

国民经济保持长期稳定发展态势。出境旅游离不开经济社会发展的支撑，长期以来的经济形势是出境旅游重要的确定性因素。近年来中国社会经济的稳定增长有力地推动了出境旅游市场的扩容，即使在受疫情影响的情况下，经济发展态势依然稳健，2018—2022年，中国国内生产总值保持增长态势（如表2-1，图2-1所示），2022年的国内生产总值达到了1 210 207亿元，比上年增长3.0%。2023年前三季度国内生产总值913 027亿元，按不变价格计算，同比增长5.2%。这也从经济面上保障了出境旅游市场的持续复苏和未来发展。

表2-1　中国2018—2022年国内生产总值及增长率

年份	国内生产总值（亿元）	同比增长（%）
2022	1 210 207	3.0
2021	1 143 670	8.1
2020	1 015 986	2.3
2019	990 865	6.1
2018	900 309	6.6

资料来源：国家统计局。

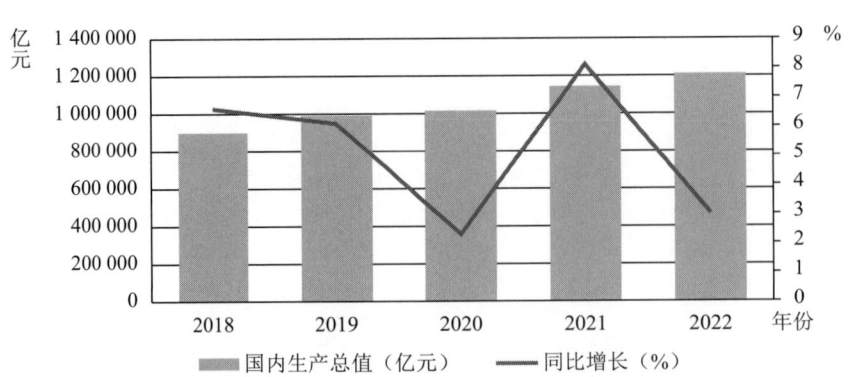

图2-1　中国2018—2022年国内生产总值及增长率

资料来源：国家统计局。

如表 2-2 和图 2-2 所示，2018—2022 年，我国国民总收入一直保持着增长态势。2022 年，我国国民总收入达 1 197 215 亿元，比上年增长 2.8%。

表 2-2　中国 2018—2022 年国民总收入及增长率

年份	国民总收入（亿元）	同比增长（%）
2022	1 197 215	2.8
2021	1 133 518	7.9
2020	1 009 151	1.9
2019	988 458	6.2
2018	896 915	6.5

资料来源：国家统计局。

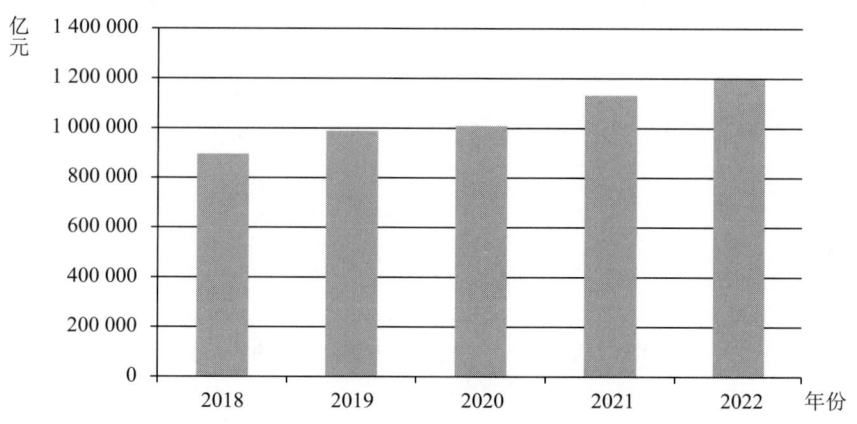

图 2-2　2018—2022 年中国国民总收入

人均可支配收入的持续增长使得我国居民有了更多可能参与出境旅游活动。2018—2022 年，我国居民的人均可支配收入一直保持着增长态势（见表 2-3）。2022 年，全年全国居民人均可支配收入 36 883 元，比上年增长 5.0%，扣除价格因素，实际增长 2.9%。2020 年受疫情影响，人均消费支出同比下降了 1.6%，但随即在 2021 年就实现了大幅度的增长，并在 2022 年保持小幅度增长。从表 2-4 中国 2018—2022 年城乡居民收入和表 2-5 中国 2018—2022 年城乡居民消费支出可以看出，农村居民的人均可支配收入和人均消费支出增长幅度要高于城镇居民，这表明，农村的出境游市场潜力巨大。

表 2-3　中国 2018—2022 年人均可支配收入及增长率

年份	人均可支配收入（元）	同比增长（%）	人均消费支出（元）	同比增长（%）
2022	36 883	5.0	24 538	1.8
2021	35 128	9.1	24 100	13.6
2020	32 189	4.7	21 210	−1.6
2019	30 733	8.9	21 559	8.6
2018	28 228	8.7	19 853	8.4

资料来源：国家统计局官网，http：//www.stats.gov.cn/tjsj/tjgb/ndtjgb/。

表 2-4　中国 2018—2022 年城乡居民收入

年份	城镇居民人均可支配收入（元）	同比增长（%）	农村居民人均可支配收入（元）	同比增长（%）
2022	49 283	3.9	20 133	4.2
2021	47 412	8.2	18 931	10.5
2020	43 834	3.5	17 131	6.9
2019	42 359	7.9	16 021	9.6
2018	39 251	7.8	14 617	8.8

资料来源：国家统计局官网，http：//www.stats.gov.cn/tjsj/tjgb/ndtjgb/。

表 2-5　中国 2018—2022 年城乡居民消费支出

年份	城镇居民人均消费支出（元）	同比增长（%）	农村居民人均消费支出（元）	同比增长（%）
2022	30 391	0.3	16 632	4.5
2021	30 307	12.2	15 916	16.1
2020	27 007	−3.8	13 713	2.9
2019	28 063	7.5	13 328	9.9
2018	26 112	6.8	12 124	10.7

资料来源：国家统计局官网，http：//www.stats.gov.cn/tjsj/tjgb/ndtjgb/。

人口是旅游需求的基础，也是出境旅游需求的基础。尽管2022年中国人口规模经历了首次负增长（见表2-6、图2-3），但人口总量和劳动年龄人口规模在未来相当长时间里仍然优势明显。国际上以人口总抚养比小于50%作为人口年龄结构红利期，我国自1995年以来一直处于人口年龄结构红利期（如图2-4所示）。联合国人口方案预测我国人口年龄结构红利期将延续到2032年[①]，这有利于保障出境旅游市场的稳定发展。

表2-6 中国2010—2022年的总人口发展

年份	人口总数（十亿人）	同比增长（%）
2010	1.337705	0.48
2011	1.345035	0.55
2012	1.35419	0.68
2013	1.36324	0.67
2014	1.37186	0.63
2015	1.37986	0.58
2016	1.38779	0.57
2017	1.396215	0.61
2018	1.40276	0.47
2019	1.407745	0.35
2020	1.4111	0.24
2021	1.41236	0.089
2022	1.412175	-0.013

资料来源：世界银行。

---

① 黄乾.从多维度研判和实现中国人口红利[J].中国党政干部论坛，2021（06）：91-92.

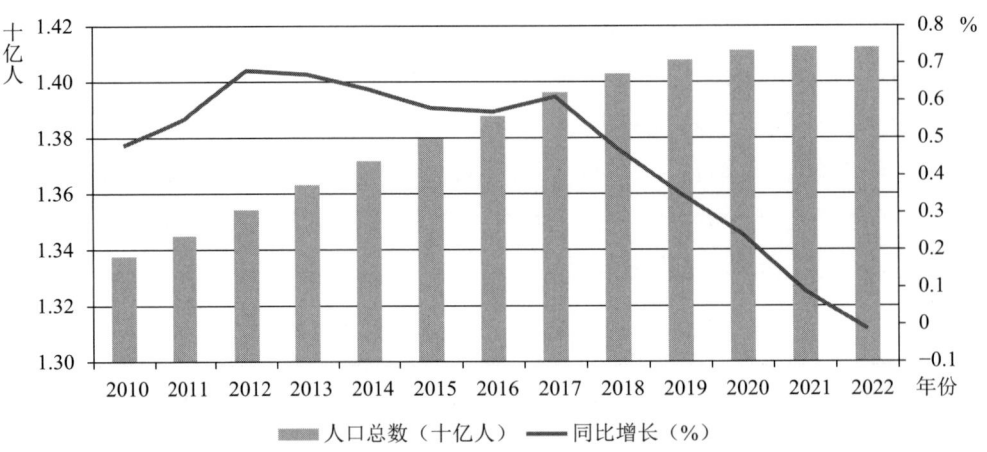

图 2-3 中国 2010—2022 年总人口及增长率

资料来源：世界银行

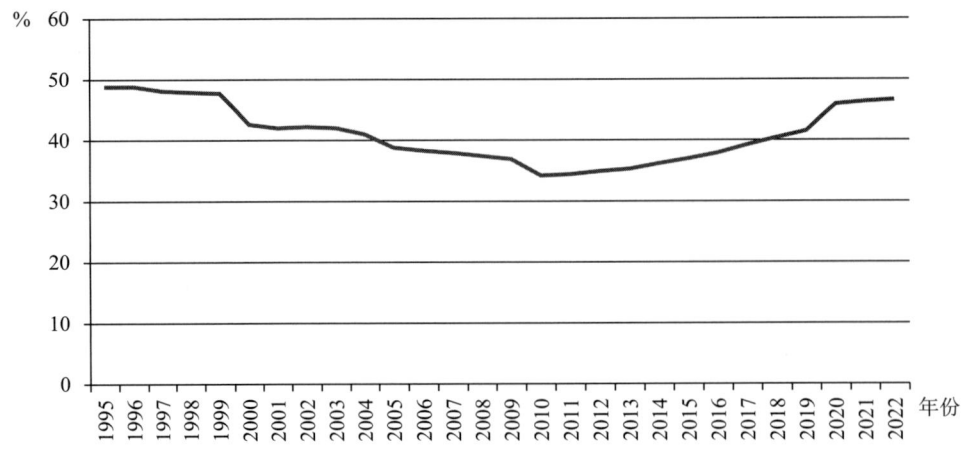

图 2-4 中国 1995—2022 年总抚养比

资料来源：国家统计局

  城市化进程的加快会激发人们的旅游需求，有利于出境旅游的发展。[①] 中国的城乡区域协调发展稳步推进，常住人口城镇率从 1978 年的 17.9% 提高到 2022 年的 65.22%（见表 2-7）。2018—2022 年间，我国常住人口城镇化率一

[①] 王新越. 我国旅游化与城镇化互动协调发展研究［D］. 中国海洋大学，2014.

直保持着稳定增长态势（如图2-5所示）。

表2-7 中国2018—2022年的常住人口城镇率

年份	常住人口城镇率（%）
2022	65.22
2021	64.72
2020	63.89
2019	60.60
2018	59.58

资料来源：国家统计局。

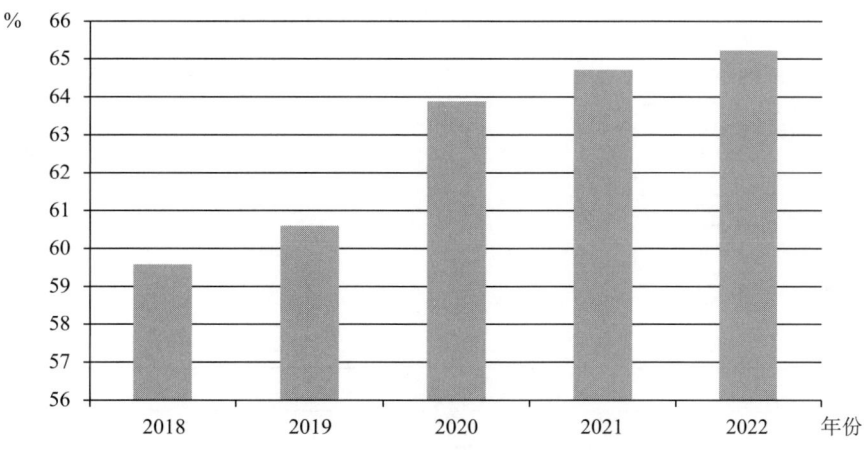

图2-5 中国2018—2022年常住人口城镇率

交通基础设施在持续改善，持续消解曾经的空间障碍，为出境旅游提供了便利条件。

疫情过后，中国民航业恢复迅猛，国内航空运输市场成为全球恢复最快、运行最好的航空市场，跨境交通网络不断优化，我国民航旅客运输量已连续18年稳居全球前二位。全国已基本建成北京、上海、广州、成都、西安等十大国际航空枢纽，29个区域枢纽等组成的现代化机场体系。截至2022年底，我国与其他国家或地区签订双边航空运输协定129个。其中，亚洲44个（含东盟），非洲27个，欧洲38个（含欧盟），美洲13个，大洋洲7个。截至2022年底，与我国建立双边适航关系的国家或地区共40个，现行有效的双边适航文件共191份。截至2022年底，我国共有定期航班航线4670条，其中，港澳台航线27条，国际航线336条。

境内交通条件的大幅改善提升了客源地游客产出能力，出境旅游的市场辐射范围持续增长。2022年，我国铁路营业里程达到15.5万，与2019年相比同比增长了12.2%，其中高铁营业里程4.2万千米，全国铁路路网密度161.1千米/万平方千米，比上年末增加4.4千米/万平方千米；公路总里程535.48万千米，公路密度55.78千米/百平方千米（见表2-8、图2-6）。2022年末颁证民用航空运输机场254个，比上年末增加6个，其中定期航班通航机场253个，定期航班通航城市（或地区）249个（见表2-8、图2-7）。全年旅客吞吐量达到100万人次以上的机场69个，其中达到1000万人次及以上的机场18个。

表2-8 中国2018—2022年境内交通情况

年份	全国铁路路网密度（千米/万平方千米）	公路密度（千米/百平方千米）	颁证民用航空运输机场（个）	定期航班通航城市或地区（个）
2022	161.1	55.78	254	249
2021	156.7	55.01	248	244
2020	152.3	54.15	241	237
2019	145.5	52.21	238	234
2018	136	50.48	235	230

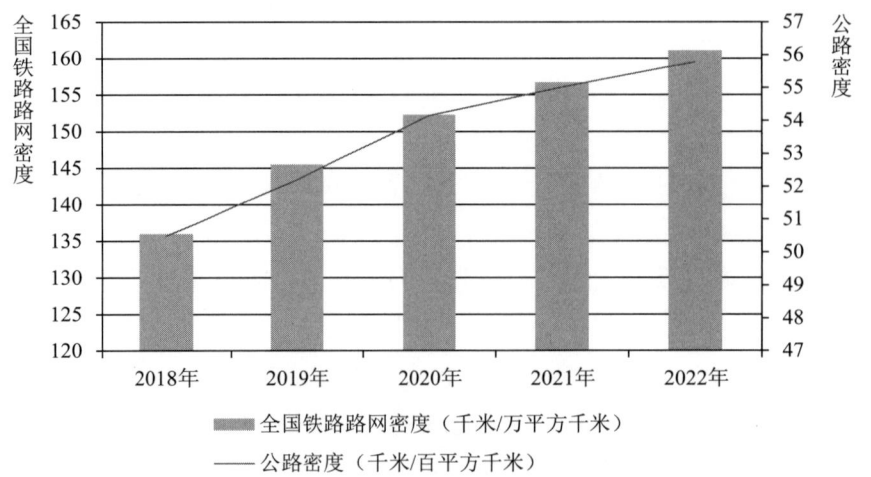

图2-6 2018—2022年全国铁路路网密度与公路密度

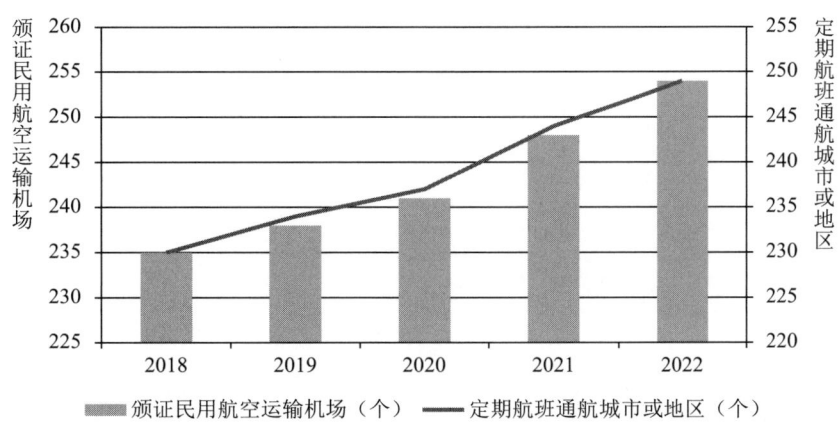

图 2-7　2018—2022 年全国颁证民用航空运输机场与定期航班通航城市或地区数

签证便利化程度是影响出境旅游的重要因素。优化签证环境，提升签证便利化水平，有利于消解人们出境游的政策和心理障碍。根据中国领事服务网站的信息，截至 2023 年 10 月 8 日，中国与 153 个国家缔结互免签证协定，与 2019 年（截至 2019 年 5 月 2 日）相比增加了 7 个（见表 2-9），中国公民持所适用的护照前往这 153 个国家（地区）短期旅行通常无须事先申请签证。2023 年下半年，部分国家和地区为了吸引中国游客进一步推出利好入境政策。如 2023 年 9 月 11 日，文化和旅游部公布首批经营中国公民组团赴俄罗斯免签旅游业务旅行社名单，赴俄旅游的中国公民人数激增；安哥拉宣布自 2023 年 9 月 29 日起，对中国公民单方面实行免签入境旅游政策；2023 年 10 月 7 日，突尼斯政府决定对中国游客实施免签入境政策，免签政策适用于自中国境内或境外入境突尼斯的中国个人或团体游客。截至 2023 年 10 月 23 日对中国公民开放免签或落地签国家和地区政策情况详见表 2-10。

表 2-9　2022—2023 年生效的互免签证列表

序号	协议国	互免签证的证件类别	生效日期
1	马尔代夫	中方外交、公务、公务普通护照、普通护照及中华人民共和国旅行证；马方外交、公务护照、普通护照及马尔代夫共和国临时旅行证件、紧急旅行证件（身份证明书）	2022 年 5 月 20 日
2	尼加拉瓜	中方外交、公务、公务普通护照；尼方外交、官员、公务护照	2022 年 7 月 7 日

续表

序号	协议国	互免签证的证件类别	生效日期
3	多米尼克	普通护照	2022年9月19日
4	萨尔瓦多	外交、公务（官员）、公务普通护照	2022年10月23日
5	所罗门群岛	外交、公务（官员）、公务普通护照	2022年11月24日
6	阿尔巴尼亚	公务普通护照、普通护照	2023年3月18日
7	洪都拉斯	中方外交、公务、公务普通护照；洪方外交、官员、公务护照	2023年9月25日

资料来源：中国领事服务网站资料整理。

表2-10 截至2023年10月23日对中国公民开放免签或落地签的国家和地区

地区	对持普通护照中国公民开放免签政策情况	对持普通护照中国公民开放落地签政策情况
亚洲	泰国：从2023年9月25日起至2024年2月29日，对中国游客实施为期5个月的免签政策。 格鲁吉亚：以旅游为目的来格的中国公民可凭中国护照免签入境在格停留不超过30天。 阿联酋：入境、出境或者过境停留不超过30天免办签证。 卡塔尔：入境、出境或者过境停留不超过30天免办签证。 亚美尼亚：入境、出境或过境停留不超过30天免办签证。 马尔代夫：因旅游、商务、探亲、过境等短期事由拟在马尔代夫停留不超过30天免办签证。 安哥拉：短期来安哥拉旅游（含短期商务访问）的中国公民可免签证多次入境，每次入境停留期不超过30天，每年可免签入境停留累计不超过90天。 哈萨克斯坦：与中国政府此前签署的互免签证协议，将于2023年11月10日起生效。 韩国济州岛：拟在韩国济州岛停留不超过30天，免办签证。 阿曼：对包括中国在内的103个国家和地区的公民实行14天的免签入境政策。 乌兹别克斯坦：对中国（含香港特别行政区和澳门特别行政区）公民实行10日入境免签政策。	马来西亚：持普通护照的中国游客可在吉隆坡1号和2号国际机场等地办理停留期15天的落地签证。 印度尼西亚：赴印尼事由为旅游、社会文化访问、商务访问、政府公务可通过落地签证入境。 越南：持有效普通护照符合情况可在各国际口岸申请办理落地签证。 缅甸：持有效期6个月以上普通护照赴缅甸可申请办理落地签证。 老挝：持有效期6个月以上护照可在老挝全境国家级口岸办理落地签证。 柬埔寨：持有效期6个月以上普通护照或公务普通护照可在航空和陆地口岸办理落地签证。 孟加拉国：因公务、商务、投资及旅游目的赴孟加拉国凭有效护照和返程机票可在国际机场和陆路口岸办理落地签证。 尼泊尔：申请人持各类有效护照及护照照片且护照有效期至少6个月可免费办理停留期15至90天不等的落地签证。 斯里兰卡：入、过境且停留期不超过6个月的外国公民入境前在网上申请电子旅行许可。 东帝汶：所有入境的中国公民由陆路进入东帝汶需提前在有关东驻外使馆或通过东移民局网站申办签证许可，通过海、空渠道入境，需办理落地签证。 黎巴嫩：持有效期6个月以上普通护照赴黎嫩旅游可在所有开放口岸办理落地签证。 土库曼斯坦：须事先由邀请人在土首都或各州移民局办理落地签手续。 巴林：持有效期6个月以上普通护照可办理落地签证。

续表

地区	对持普通护照中国公民开放免签政策情况	对持普通护照中国公民开放落地签政策情况
亚洲		阿塞拜疆：持有效期6个月以上普通护照可在网上申请电子签证，亦可在巴库国际机场自助办理30天以内一次入境有效的落地签证。 伊朗：持有效期6个月以上公务普通护照和普通护照可在伊朗机场口岸申请落地签停留期一般为30天，最长可延至90天。 约旦：持有效期6个月以上普通护照可在各陆海空口岸办理落地签。
欧洲	俄罗斯：中国公民组团赴俄罗斯旅游免签（文化和旅游部公布首批268家旅游业务旅行社）。 阿尔巴尼亚：2023年3月18日起，与中国互免签政策协议生效。 白俄罗斯：入境、出境或过境停留不超过30天，免办签证。 塞尔维亚：入境、出境或过境停留不超过30天，免办签证。 波黑：入境、出境或过境每180天停留不超过90天，免办签证。 圣马力诺：入境、出境或过境停留不超过90天，免办签证。	无
非洲	毛里求斯：入境、出境或过境停留不超过60天，免办签证。 塞舌尔：入境、出境或过境停留不超过30天，免办签证。 突尼斯：对中国游客实施免签入境政策，免签政策适用于自中国境内或境外入境突尼斯的中国个人或团体游客。 贝宁：自2023年9月20日起，对中国游客实行免签政策，停留天数延长至30天。 安哥拉：自2023年9月29日起，对包括中国公民在内的98国公民单方面实行免签入境旅游政策。	埃及：持有效期6个月以上普通护照访问埃及可申请落地签证。 马达加斯加：持普通护照和往返机票且出发地为中国大陆以外其他地方可办理落地旅游签证。 坦桑尼亚：持有效期6个月以上各类护照或旅行证件可办理落地签证。 津巴布韦：赴津巴布韦落地政策仅针对旅游签证适用于津巴布韦所有入境口岸。 多哥：持有效期在6个月以上护照可在洛美埃亚得马国际机场及个别边境口岸申请落地签。 佛得角：持有效期6个月以上的普通护照入境佛得角，可在佛得角各国际机场办理落地签证。 加蓬：中国公民可持有效旅行证件、国际旅行健康证及办理相应各类签证所需材料在利伯维尔机场办理落地签证入境。 科特迪瓦：持有效期6个月以上各类护照均可申请落地签。 科摩罗：持有效期6个月以上的普通护照人员可在莫罗尼国际机场办理落地签证。 卢旺达：自2018年1月1日起对所有国家公民实行落地签证政策，停留期最长为30天。 乌干达：持有效期1年以上各类护照和往返机票可在机场或任何一个边境口岸办理落地签。

续表

地区	对持普通护照中国公民开放免签政策情况	对持普通护照中国公民开放落地签政策情况
非洲		马拉维：持有效期6个月以上的普通护照人员可在利隆圭国际机场和布兰太尔国际机场办理落地签。 毛里塔尼亚：持有效护照可在毛塔首都努瓦克肖特国际机场、努瓦迪布国际机场及其他陆地口岸办理落地签证。 圣多美和普林西比：持普通护照可在圣多美国际机场办理落地签证。 圣赫勒拿（英国海外领地）：游客可办理落地签证，停留期限最长不超过6个月。
美洲	安提瓜和巴布达：自2014年11月18日起，单方面给予中国公民免办签证待遇，停留不超过30天无须申办签证。 牙买加：对中国游客单方面免签。 巴巴多斯：入境、出境或者过境停留期不超过30天，免办签证。 巴哈马：入境、出境或过境停留不超过30天，免办签证。 格林纳达：入境、出境或过境停留不超过30天，免办签证。 多米尼克：于2022年9月19日起同中国互免签证。 厄瓜多尔：入境、出境或过境免办签证，一年内累计停留不超过90天。 玻利维亚：持外交、公务、公务普通护照的中国公民可免签入境玻利维亚，停留期三个月。	圭亚那：持有效期6个月以上普通护照可在乔治敦契迪贾根国际机场和欧格国际机场申请办理落地签证。
大洋洲	斐济：入境、出境或过境停留不超过30天，免办签证。 汤加：入境、出境或过境停留不超过30天，免办签证。 基里巴斯：自2023年9月1日起对外交、公务、普通护照的中国公民可免签入境、过境每12个月累计在基停留不超过90天。 美属北马里亚纳群岛（塞班等）：入境、出境或过境停留不超过14天，免办签证。	帕劳：持有效期6个月以上各类护照和返程机票或赴下一个目的地机票可在科罗尔机场申请落地签证。落地签证，停留期为30天无须缴纳任何费用。 图瓦卢：持有效期6个月以上各类护照可在图瓦卢富纳富提机场申请落地签证。 瓦努阿图：持有效期6个月以上各类护照及返程机票的人员可在首都维拉港国际机场申请落地签证，停留期限为30天无须缴纳任何费用。 巴布亚新几内亚：持普通护照的中国公民如系参加经批准旅行社组织的旅行团可免费申请停留期30天的1次入境旅游落地签证。

资料来源：中国外交部网站资料整理。

疫情期间及疫情过后，为了吸引更多的中国游客，众多目的地国家和地区进一步放宽对中国居民的签证，简化签证手续，启用电子签证，缩短办理时间，使入境更便利。很多热门旅游目的地对中国开放免签或落地签，例如韩国济州岛、马尔代夫、斐济、毛里求斯、斯里兰卡等。2020年1月1日起,乌兹别克斯坦对中国免签,可以停留7天;2020年4月起,除日本驻香港总领事馆外,所有单次赴日旅游签证(含团体及个人)都将采取网上申请模式,此前一直使用的在护照上粘贴签证页的做法也将被废除,全部引入电子签证;阿曼在2020年12月宣布对我国公民免签,要求比较简单,持有效期6个月以上的护照、返程票、酒店订单、健康保险,并可负担其在阿曼境内居留的费用,停留期不超过10天;2022年7月,哈萨克斯坦宣布对中国公民实施14天免签入境的政策。此前,哈萨克斯坦对中国公民实施72小时的过境免签政策;要获得其他类型的签证难度极高,面签加上极复杂的资料,签证费用高达数千元人民币;韩国从2023年7月3日起,将国外游客的电子旅游许可证(K-ETA)有效期由2年延长至3年,青少年(17岁以下)和高龄人群(65岁以上)无须提前申请电子旅游许可证即可入境,申请时可享受免填入境申报单等便利。俄罗斯于2023年8月1日起,包括中华人民共和国在内的55个国家的公民可以适用于以旅游和商务旅行为目的申请电子签证进入俄罗斯,无须邀请函、机票等文件。电子签证有效期为自签发之日起60天,凭电子签证可出入境俄罗斯一次,最多可在俄境内停留16天。菲律宾电子签证系统于2023年8月试运行,系统允许入境菲律宾的外国公民通过电子设备在线申请临时访客通行证。

二、短期的不确定因素

出境旅游容易受短期不确定因素的影响,如经济恢复压力、未来收入的预期、旅游安全问题、疫情的反复和猴痘等传染病的突发、一些国家和地区收紧的签证政策和签证办理进程缓慢,以及近期国际政策形势不确定性都给出境旅游的恢复带来了现实阻碍。

疫情的负面影响还在持续发酵,加上受外交和地缘政治的影响,以及集中发生的境外目的地游客安全事件(见表2-11),出境旅游的环境风险凸显,供应链修复屡遭冲击。国际形势不确定性不断加大,给出境旅游带来现实影响。比如,美国枪击暴力和针对亚裔歧视事件频发。美国以各种借口对入出境美国的中国公民滋扰盘查。日本单方面决定福岛核污染水排海。受这些影响,一定程度上中国游客对前往美国、日本等地旅游更加谨慎。此外,资源挤兑、价格上涨,也在一定程度上抑制了游客的出游愿望。旅游安全问题是影响我国公民出境旅游的重要因素。东南亚部分旅游目的地因为旅游安全问题给出境旅游带来了负面影响。联系部分目的地的航班恢复情况也不确定。疫情前，每周北京直飞洛杉矶的航班有 110 班，但 2023 年 9 月只恢复了 8 班。往返新西兰的航班数量虽然达到疫情前的 70%，可机票价格却是 2019 年的两到三倍。前往加拿大安大略省的直航航班至今也没有恢复，且机票价格高昂，旅行时间大幅延长。

表 2-11　2022—2023 年 10 月部分影响国际旅游安全的事件

序号	影响国际旅游安全的事件情况	发生时间
1	汤加海底火山喷发	2022 年 1 月 14~15 日
2	俄乌冲突	2022 年 2 月以来
3	南非东部暴雨引发洪水和山体滑坡	2022 年 4 月
4	缅甸政局和诈骗事件等不稳定因素	2022 年 4 月以来
5	菲律宾遭遇台风"鲇鱼"侵袭	2022 年 4 月 10 日
6	欧洲多国出现极端高温天气，德国、英国、法国、西班牙、葡萄牙、意大利等欧洲主要经济体受灾情况尤为严重	2022 年 7 月
7	印尼爪哇岛发生 5.6 级地震	2022 年 11 月 21 日
8	美国遭遇冬季风暴侵袭	2022 年 12 月
9	2023 年以来，巴以地区紧张局势加剧，双方多次冲突，造成大量人员伤亡	2023 年 1 月以来
10	日本福岛核污染水排海	2023 年 8 月 24 日以来
11	泰国曼谷暹罗百丽宫购物中心发生枪击事件	2023 年 10 月 3 日
12	泰国普吉岛中国游客安全事件	2023 年 10 月 6 日

资料来源：课题组整理收集。

部分目的地签证办理进程缓慢也使中国出境旅游发展具有不确定性。一些热门出境目的地的签证难以保障需求。德国、瑞士、奥地利、意大利、法国、美国、菲律宾等出境目的地的签证排号困难。据携程消息，以上海领区为例，德国签证几乎不放号，瑞士、奥地利、美国等也都需要凭运气刷最近日期的预约号。申请美国的 B1/B2 签证预约等待时间甚至长达四个多月，2023 年 7 月 12 日美国签证申请网站显示的广州美签的预约时间已经到了 2024 年 1 月底；2023 年 10 月，上海申请德国签证的预约时间排到了 2024 年 2 月。截至 2023 年 9 月，部分国家和地区的签证办理情况见表2-12。

表2-12 截至2023年9月27日，部分国家和地区的签证办理情况

序号	国家	签证类型	预计办理时间
1	美国	B1/B2商务/旅游	2周
2	英国	旅游/商务/探亲访友	1个月
3	德国	旅游/商务/探亲访友	3周
4	瑞士	旅游/商务/探亲访友	3周
5	奥地利	旅游/商务/探亲访友	4~6周
6	意大利	旅游/商务/探亲访友	3周
7	法国	旅游/商务/探亲访友	2周
8	希腊	旅游/商务/探亲访友	4周
9	西班牙	旅游/商务/探亲访友	3周
10	澳大利亚	旅游/商务/探亲访友	1个月
11	新西兰	旅游/商务/探亲访友	1个月
12	加拿大	探亲/商务/旅游	1~2个月
13	日本	单次旅游	10天
14	俄罗斯	旅游30天单次正常签	4周

资料来源：网络。

在当地服务上，疫情带来的旅游从业人员流失依然没有得到有效弥补。在新西兰，酒店因为工作人员不足无法开放所有房间。希腊旅游业吸引从业人员也是大难题，招工困难。在泰国，此前由于疫情，大量劳动力离开了旅游业，泰国旅游交通、酒店、导游、餐饮等相关行业都出现了用工短缺的问题，继而造成泰国物价上涨，如酒店住宿上涨一倍以上。不仅如此，境外目的地国内旅游市场和其他客源地市场的快速恢复，导致对中国出境旅游市场的资源挤出效应明显。

第三章
市场的现实和期待

为了更好地探索出境旅游复苏的可能方向，帮助境内外旅游目的地和旅游企业更好地理解出境市场的需求，中国旅游研究院就中国游客出境旅游的需求和意愿对中国大陆地区 31 个省、自治区和直辖市的游客开展了问卷调查。整体上看，受访者期望选择的出境旅游目的地以港澳台地区、欧美和日韩居多，二线城市的城镇居民出游意愿较为突出；在出境旅游中更关注交通便利性与当地物价，更期待新奇体验；偏好与好友、家人结伴出游，参加旅行社出境游客占多数，期待中的出境旅游最想参加娱乐性活动，迫切需要更有保障的人身和财产安全，更希望到访自然生态优美和有特色美食的目的地。

一、出境游客人口统计特征

由中国旅游研究院进行的 2023 年出境旅游状况和意向调研发现：2023 年，我国受访的出境游客的性别比例延续了 2019 年疫情前的男性高于女性的比例趋势，且性别占比差距呈现持续扩大趋势；中青年出境游客居多，22~41 岁年龄段人数所占比例高达 82.8%；大学本科和大学专科学历的出境游客人数比例最高，合计约 74.36%，与 2019 年相比，出境游客呈现学历升高趋势；出境游客的职业中，自由职业者所占比例最高；年收入在 10 万~20 万元的受访人群为出境旅游主体人群；城镇居民是出境旅游的主要群体。

（一）男性出境游客比例高于女性，性别比例差距持续扩大

2022 年，男性出境游客的比例为 70.72%，女性比例为 29.28%，出境游客性别比例差距为 41.44，远高于 2019 年 12.82% 的出境游客性别比例差距。

（二）出境游客主要集中在 22~41 岁，出境游群体年轻化趋势明显

2022 年，1991 年至 2000 年之间年龄段的群体（22~31 岁）的出境游客最多，占总样本的 49.18%，32~41 岁的出境游客占比为 33.60%，12~21 岁的出境游客占比 10.65%（见图 3-1）。总体来看，被调查者年龄集中分布在 22~41 岁的中青年群体，所占比例高达 82.8%，而且，与 2019 年相比，该年龄段的占比有增大趋势。

第三章　市场的现实和期待
Chapter 3　Market Reality and Expectations

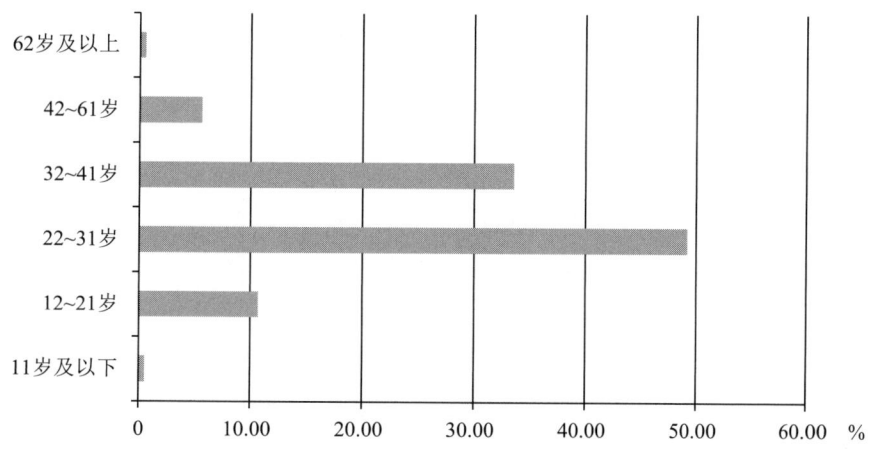

图 3-1　2022 年受访出境游客各年龄段占比分布

（三）出游人群主体为高中及以上学历者，呈现高学历出行特征

经调研发现，受访人群中，大学本科学历占比最高，为 40.89%；其次为大学专科学历，占比 33.47%，高中学历占比为 16.10%，研究生及以上学历占比 7.10%，与 2019 年的 6.34% 相比有所增加，初中及以下学历占比最少，为 2.44%（见图 3-2）。总体来看，出游群体学历集中在大学本科和专科，占比 74.36%，出境旅游呈现高学历出行特征。

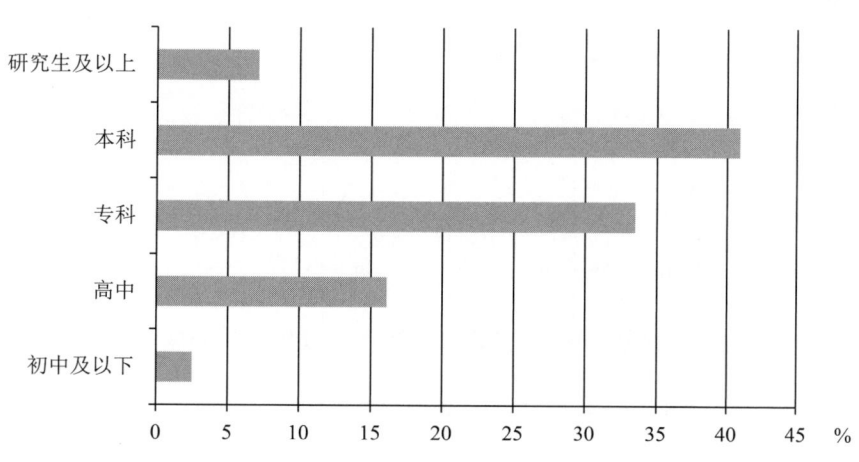

图 3-2　2022 年受访出境游客学历占比分布

（四）职业覆盖面广泛，出境旅游群体集中在自由职业者、服务人员等职业

受访者所从事的行业覆盖面非常广，几乎涵盖各个行业的人员。2022 年，以自由职业者、服务人员、国家机关/党群组织/企事业单位人员、专业技术人员、学生居多，占比分别为19.66%、18.00%、16.93%、13.94%、13.73%。

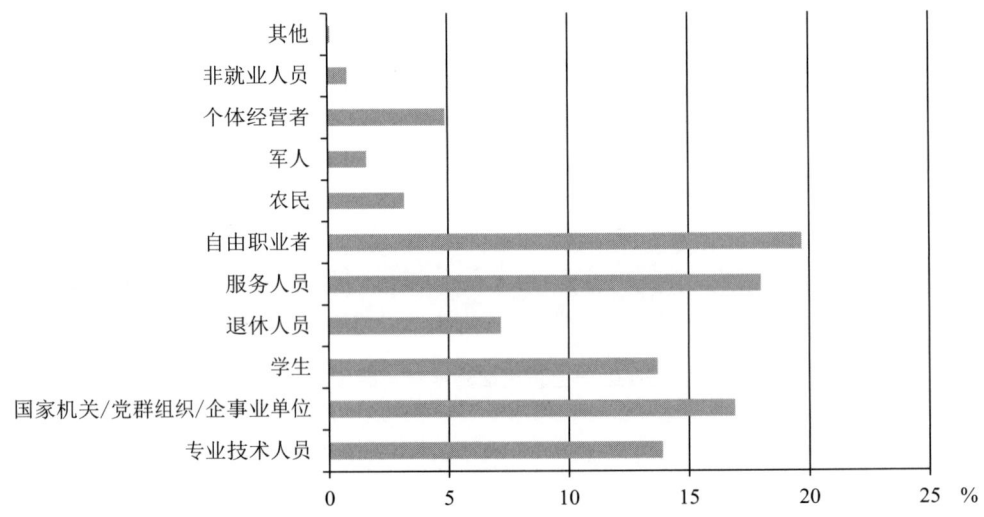

图3-3　2022年受访出境游客职业占比分布

（五）年收入在10万~20万元的受访人群为出境游主体人群

2022年，被调查者的年收入主要集中在10万~20万元，占比为43.30%；其次为3万~10万元，占比为28.80%；年收入水平在20万~30万元的受访者占比12.30%；年收入3万元及以下的占比11.70%；年收入30万元以上的占比最少，仅为3.8%。

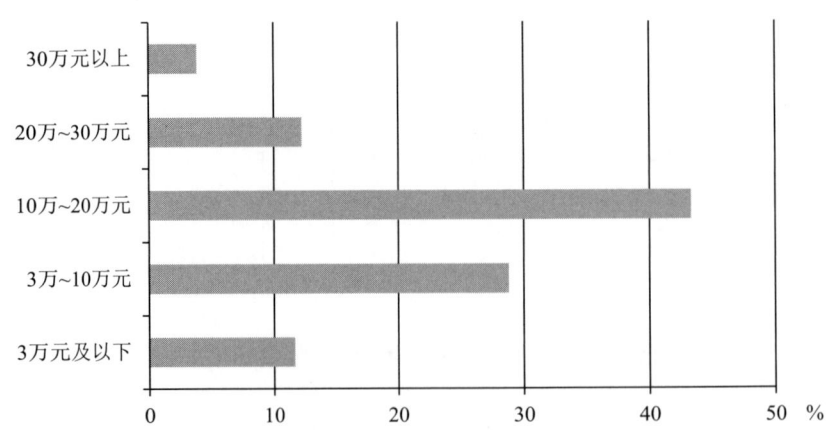

图3-4　2022年受访出境游客年收入占比分布

（六）一、二线城市的城镇居民出游意愿较为突出

在出境游客分布城乡区域占比中，城镇游客占比显著高于农村游客占比，城镇游客占比为98.10%，其中城镇游客一线城市占比35.30%，二线城市占比34.40%，三线城市占比21.10%，农村游客占比仅为1.90%（见图3-5）。

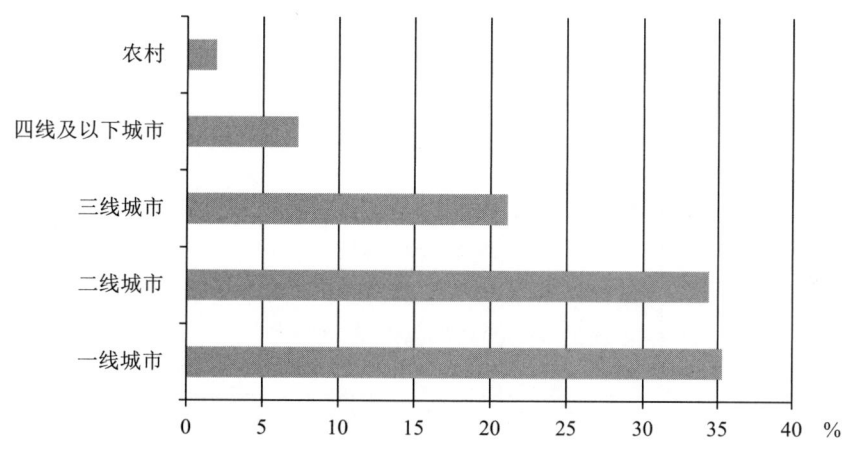

图3-5　2022年受访出境游客所在城乡区域分布

中国旅游研究院与马蜂窝自由行大数据联合实验室数据也显示，绝大部分的出境游客来自北上广深一线城市、新一线城市，以及二线城市，只有不足20%的游客来自三、四线城市。在马蜂窝平台上，上海、北京、深圳、广州位列出境客源城市前四位，成都、杭州、南京、重庆等新一线城市的居民也在出境旅游方面表现得颇为积极。

二、出境游客消费决策影响因素

调查结果显示，86.05%的受访者认为出境旅游属于重大消费决策，以观光旅游和休闲度假为出境游目的的游客居多，占总样本的58.05%；旅游社交网站、网络社交媒体是出境游客主要的信息来源渠道，占比分别为39.98%、35.80%；游客在出境旅游前搜索的信息以交通、住宿信息为主，占比为34.66%、31.74%；住宿和特色饮食是影响出境游客选择旅游地的重要因素，分别占比29.62%、23.45%。

（一）以观光旅游和休闲度假为出境游目的游客居多

从游客出游目的来看，在我国出境游中，以观光旅游、休闲度假、购物的出游目的游客居多，分别占比33.24%、24.81%、20.13%（见图3-6）。其次，商务旅行的游客占比为12.39%，健康疗养的游客占比为4.52%，探亲访友的游客占比3.72%，文化科技交流的游客占比为1.16%，其他类型游客占比0.03%。

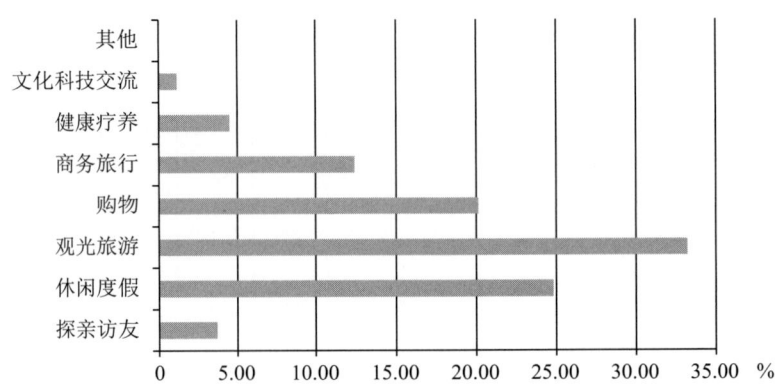

图3-6　2022年受访出境游客出游目的分布

（二）网络是出境游客主要的信息来源渠道

出境游客的出游信息主要来源是旅游相关网站、网络社交媒体、新闻和广播，分别占比为39.98%、35.80%和20.77%（见图3-7）。其他来源的渠道分别是朋友及家人建议、书籍和杂志、旅行社（线上和线下）和其他，分别占比17.97%、8.13%、3.60%和0.03%。

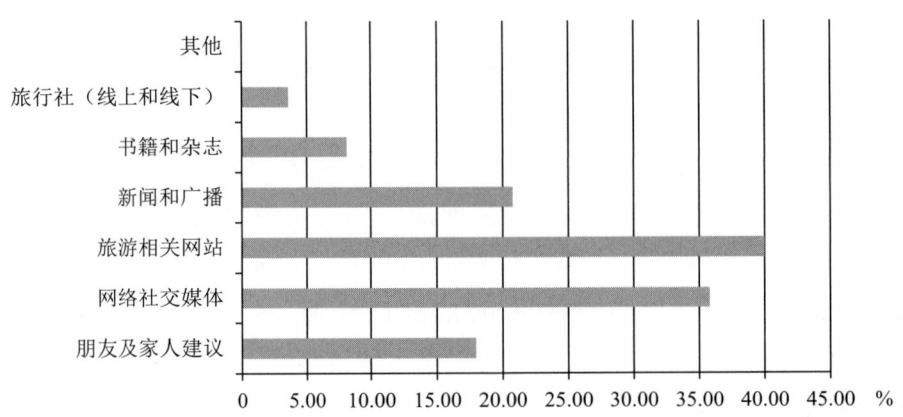

图3-7　2022年受访者出境游信息来源

（三）出境游客出游前主要查找交通、住宿和旅游价格信息

不同于疫情前的以搜索景区（点）的信息为主，2022年，游客在出境旅游前搜索的信息以交通信息为主，占比为34.66%。其次，住宿信息、旅游价格信息和旅游地民俗风情也占据较大比重，依次占比为31.74%、29.07%和20.01%。最后，景区（点）信息占比为15.32%，特色购物街区信息占比为9.72%，娱乐信息占比为2.76%（见图3-8）。

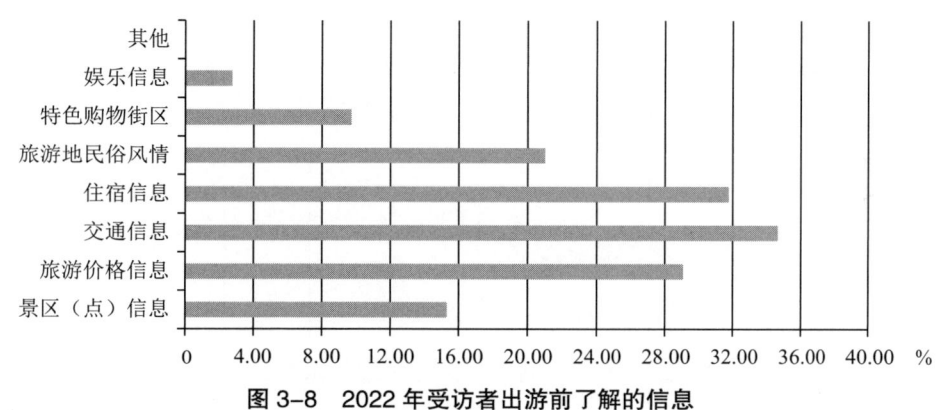

图3-8　2022年受访者出游前了解的信息

（四）住宿和特色饮食是影响出境游客选择旅游地的重要因素

从影响出境游客选择旅游地的重要因素来看，认为住宿条件对其选择出境游旅游地的影响最大的受访者占比29.62%，其次是特色饮食和旅游地交通，分别占比23.45%和21.16%，景点吸引力/旅游地吸引力、旅行费用和休闲的环境分别占比12.99%、11.03%和1.76%（见图3-9）。

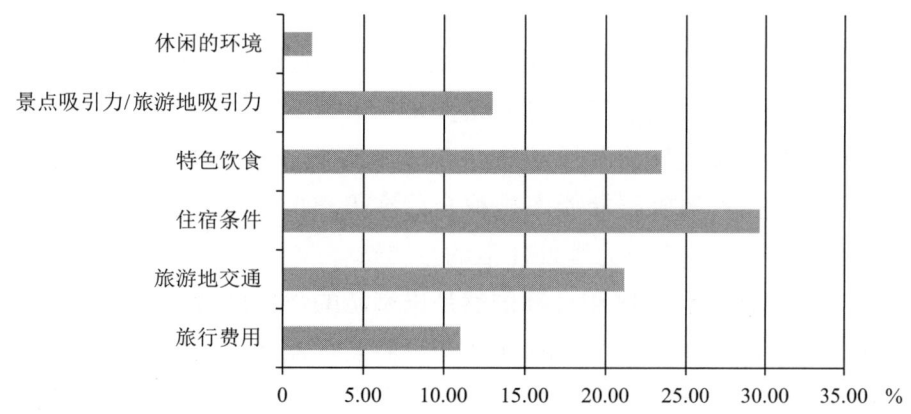

图3-9　2022年影响出境游客选择旅游地的因素

（五）在出境旅游中更关注交通便利性与当地物价，更期待新奇体验

61%的受访者认可到达出境目的地的交通便利性是其最为看重的。其中，32.6%的受访者非常同意"到达出境目的地的交通便利性是我最为看重的"（见图3-10）。受访出境游客更关注交通便利性与当地物价，更期待新奇体验，迫切需要更好地保障身体健康、人身安全和财产安全。在出境旅游中的关注度方面，由高到低排序分别是"交通便利性与当地物价""饮食与住宿条件""目的地的自然景观""出境游预算""目的地人文环境""旅游配套设施与服务"。在对境外旅游的期待程度上，由高到低排序分别是"新奇体验""购物体验""社交交友""增长见识""身心愉悦""了解民族宗教文化"。

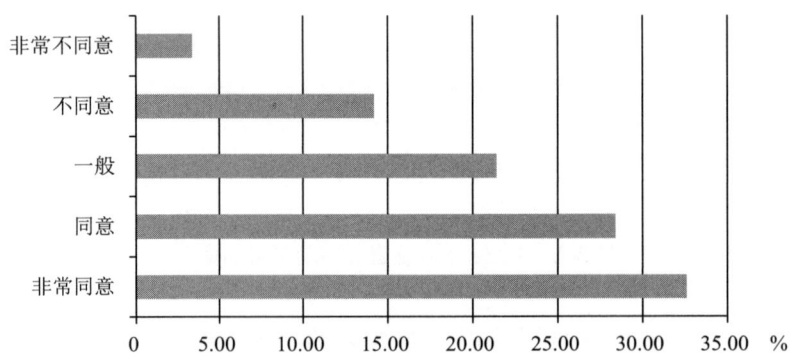

图3-10 对"到达出境目的地的交通便利性是我最为看重的"认可度

三、出境游客消费决策特征

欧美、港澳台和日韩依然是我国出境游的热门区域；受访者偏好与好友、家人结伴出游；多数出境游客倾向于花费4~7天，参观3~5个旅游景点；多数愿意通过旅行社安排境外旅游活动的游客，在选择旅行社时更重视旅行社网站和旅行社规模，更希望旅行社能安排符合游客需求的个性化旅行线路；住宿选择发生变化，经济型酒店成为境外住宿的主要选择。

（一）欧美、港澳台地区和日韩依然是出境游的热门区域

受访者中，有超过四分之一的游客有意愿前往欧美进行旅游，其次为东南亚和港澳台地区，最后为非洲、东亚、南亚和大洋洲（见图3-11）。具体到国家或地区，靠前的目的地依次是中国香港、日本、中国澳门、韩国、中国台湾、

英国、法国和德国（见图3-12）。

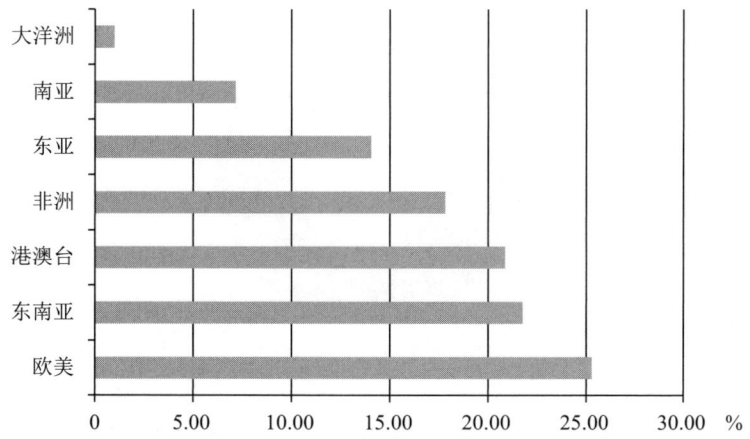

图3-11　2022年受访出境游客的出境目的地区域分布

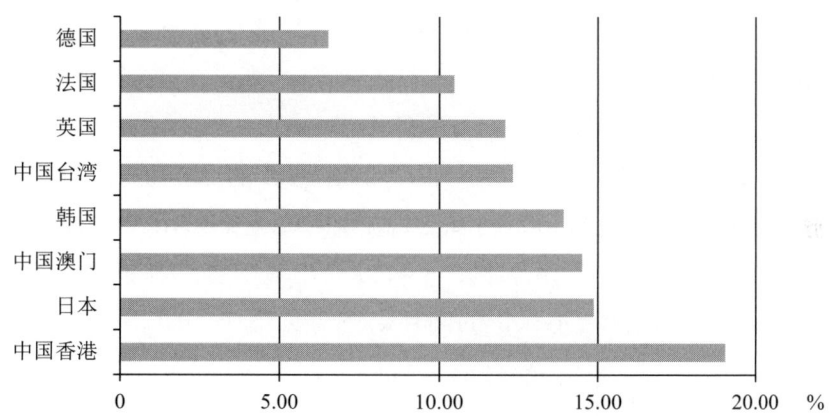

图3-12　2022年受访出境游客的具体出境目的地分布

受地理区位优势影响，中国游客出境优选东南亚旅游产业较为发达的国家。2023年以来，中国游客的出境选择更为多元化，欧洲、北美洲、非洲等占比提升，亚洲国家和地区仍然以64.7%的比例位列榜首（见图3-13）。

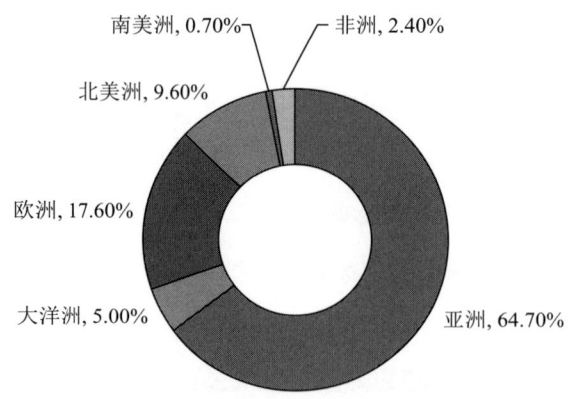

图 3-13 出境游目的地大洲分布

中国旅游研究院与马蜂窝自由行大数据联合实验室数据也显示，泰国、日本、马来西亚、新加坡和印度尼西亚在出境目的地取向中领先。自从 2013 年中国提出共建"一带一路"倡议以来，以对话协商、共建共享、合作共赢和交流互鉴为特征的旅游交往密切，市场规模巨大，合作成效显著，"一带一路"出境目的地越来越成为热点。

（二）出境游客偏好与好友、家人结伴出游

出境游客大多和朋友结伴而行，占受访者总数的 36.40%；与部分家庭成员共同出游的出境游客也较多，占比 24.61%；单位组织出游的出境游客占比 17.00%，全家一同出游占比 14.91%；6.41% 的出境游客选择独自一人出游，仅有 0.66% 的出境游客选择与不认识的同伴出游（见图 3-14）。

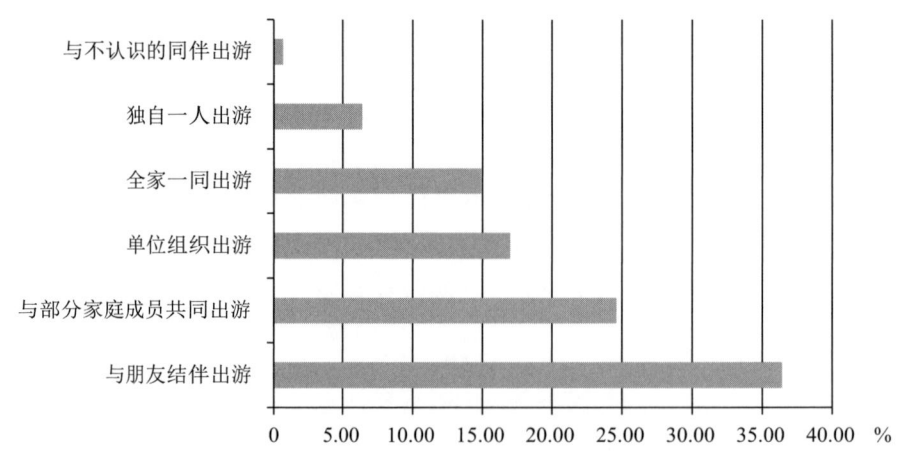

图 3-14 2022 年受访出境游客境外出游同伴

（三）出境游客在旅行中更倾向于花费 4~7 天，参观 3~5 个旅游景点

在旅行花费时长方面，受访人群中愿意花费一周以内的游客最多，其次是花费两周以内的游客；花费 2~3 天以内的游客占比 17.14%；花费一个月以内、当天往返和一个月及以上的游客分别为 5.58%、1.76% 和 1.46%（见图 3-15）。在旅行中参观景点的数量方面，受访者最愿意参观 3~5 个景点；第二是参观 1~2 个景点的游客；第三是参观 6~9 个景点的游客，参观 10 个及以上景点的游客较少（见图 3-16）。

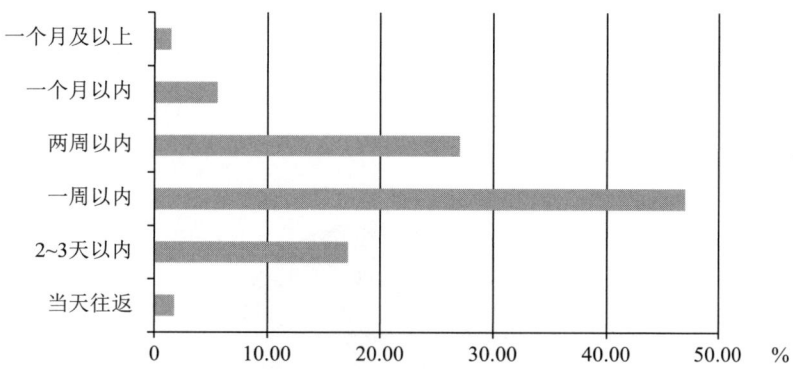

图 3-15　受访出境游客单次旅行时长分布

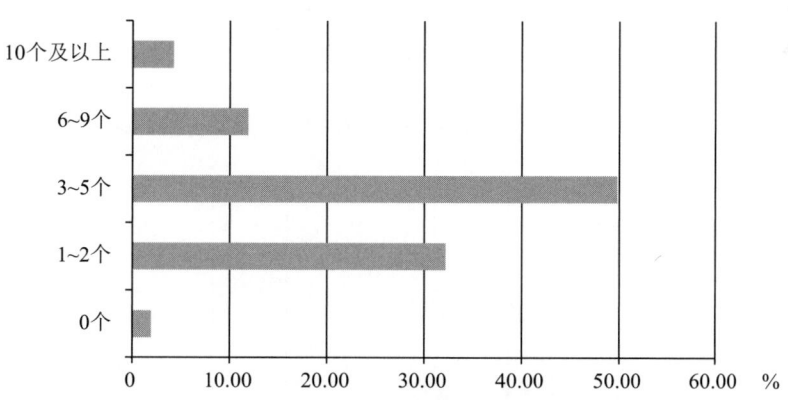

图 3-16　受访出境游客参观景点数量分布

中国旅游研究院与马蜂窝自由行大数据联合实验室的数据显示，2023 年年轻人的出境旅游天数显著增长，境外停留 15 天以上的游客显著增长两倍以上。选择停留 5~7 天的游客占比接近三成，相对占比最高。境外停留一周以上，成为参与调研年轻人的显著规律。

（四）参加旅行社出境游客占多数

2022年，受访者表示参加旅行社的游客仍占绝大多数，所占比例高达80.70%，与2019年疫情前的62.87%相比增加了17.83%；未参加旅行社的游客占19.30%。77.62%的受访出境游客对出境旅游参加旅游团持支持态度，表示愿意参加旅游团；17.90%的受访出境游客不愿意参加旅游团，还有4.48%的受访出境游客对参加旅游团持无所谓态度（见图3-17）。在对"旅行社安排的符合我需求的个性化旅行线路是我最看重"认可度中，有34.8%的受访者表示非常同意，28.3%的受访者表示同意（见图3-18）。这说明大多数游客对于不太熟悉的境外旅游，尤其是在有疫情感染风险的情况下，更倾向于通过旅行社安排出游活动，且在通过旅行社出行时，游客更希望旅行社能安排符合游客需求的个性化旅行线路。

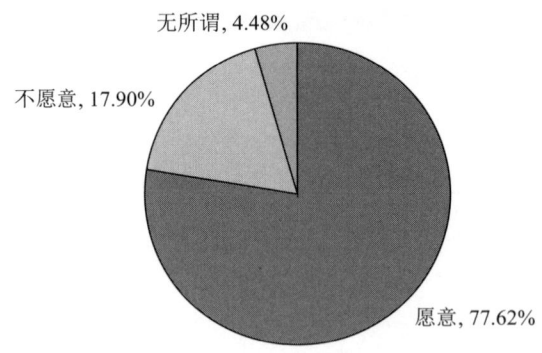

图3-17 受访出境游客对出境旅游参加旅游团的态度

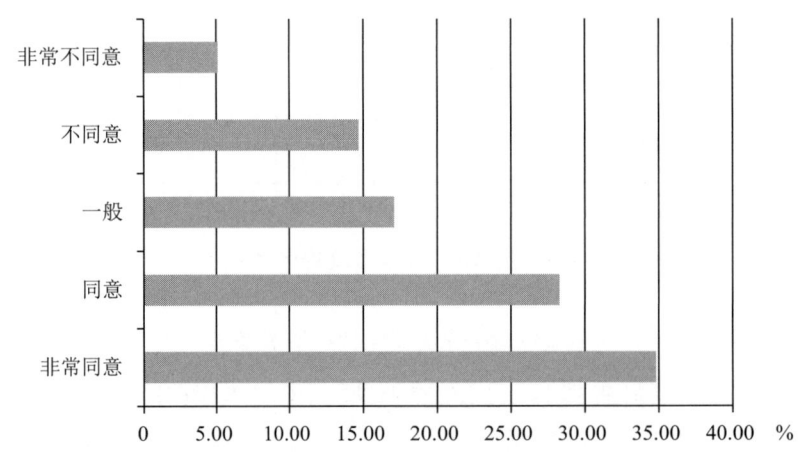

图3-18 对"旅行社安排的符合我需求的个性化旅行线路是我最看重"认可度

（五）旅行社网站和旅行社规模的重要性更加凸显

出境游客大多通过旅行社来组织境外旅游活动，影响游客旅行社选择的因素有旅行社网站、旅行社规模、品牌的知名度、诚信度、朋友推荐、收费标准、广告宣传、服务态度。其中，27.4%的出境游客认为旅行社网站是影响其选择旅行社的重要影响因素，与2019年相比提升了2.65%；22.31%认为旅行社规模是影响其选择的重要因素，与2019年相比提升了6.16%；20.22%的出境游客选择朋友推荐；16.08%选择诚信度；品牌的知名度占比13.25%；广告宣传、收费标准和服务态度分别占比7.42%、3.07%和1.09%（见图3-19）。

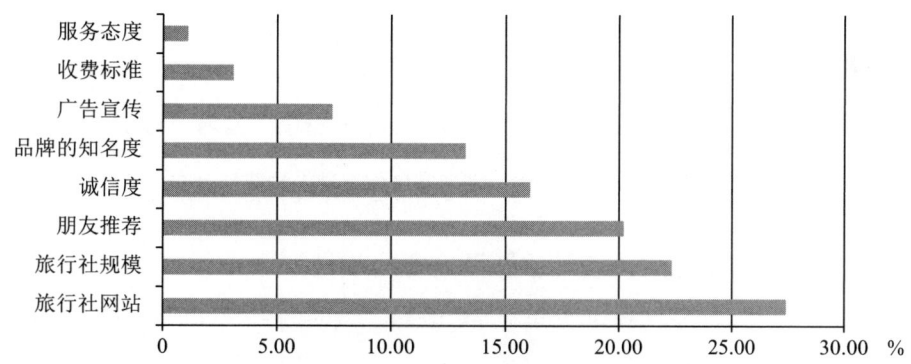

图3-19　2022年受访出境游客选择旅行社的影响因素

（六）经济型酒店成为出境游客的主要选择

在住宿设施选择方面，游客的住宿选择发生变化，以经济型酒店和中等价位酒店为主。与疫情前相比，游客从以选择中等价位酒店为主转向以经济型酒店为主，接近一半的受访者选择入住经济型酒店，与2019年相比变化明显；三分之一的出境游客选择中等价位酒店，选择入住豪华酒店的游客占比从2019年的10.16%下降至6.18%。

四、出境游客消费结构特征

根据调查数据，在出境游客中，中等人均消费水平群体所占比重略高，且占比有扩大趋势。在出境游游客中，选择景区参观游览的受访者最多；出境游花费的项目主要包括餐饮、购物、景点门票、交通、文化娱乐和住宿，其中，花费最高的项目为餐饮。

（一）中等人均消费群体比例占比最大

中国出境旅游表现出中等消费特征，出境游人均花费在 1001~5000 元的受访者最多，比 2019 年明显增加（见图 3-20）。

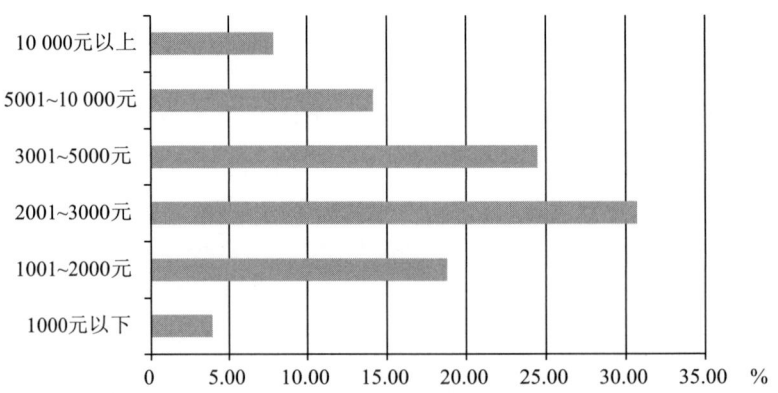

图 3-20　2022 年受访出境游客境外出游人均花费分布

（二）景区参观游览成为境外旅游最重要的项目

出境游客选择景区参观游览的人数最多，占总样本数的 36.94%，比 2019 年增加了 12.39%；其次为健康疗养，占比 34.82%；选择住宿的受访者占比 28.35%；文化娱乐活动、餐饮和购物分别占比 18.34%、17.28% 和 6.84%（见图 3-21）。在出境游客单次旅游花费最多的项目调研中，选择"餐饮是花费最多的项目"的受访者最多，占比 32.22%，其次为购物，占比 28.46%，交通占比 17.73%，文化娱乐、景点门票和住宿分别占比 10.03%、7.47% 和 4.09%（见图 3-22）。

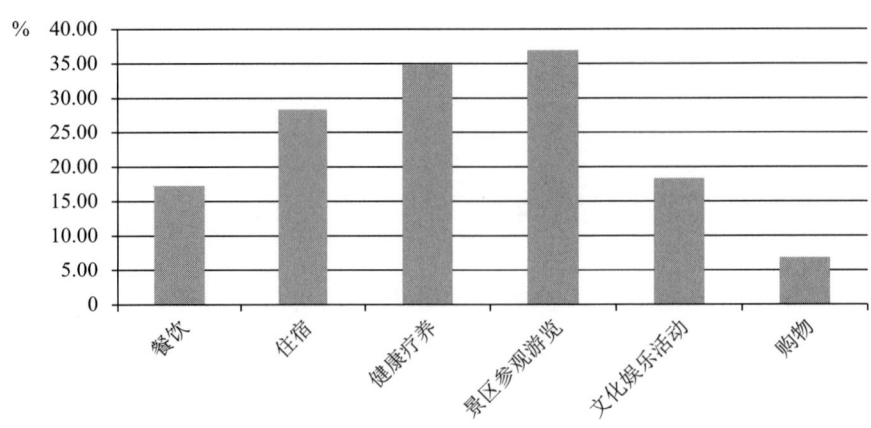

图 3-21　2022 年受访出境游客各消费项目选择占比分布

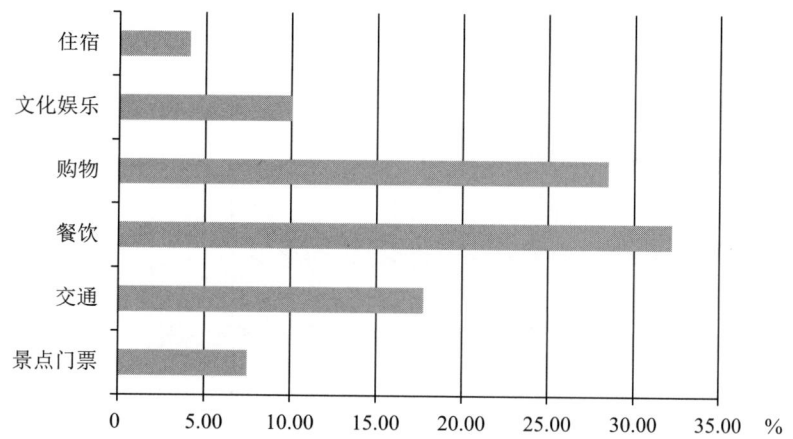

图 3-22　2022 年受访出境游客单次旅游花费最多的项目分布

五、未来出境旅游消费特征和意向

对未来有出境旅游意愿的中国境内居民进行调研，以尝试了解未来中国游客的出境旅游需求和意愿，以及对境外旅游目的地的需求与偏好。由调研得知，未来出境旅游中，游客最想参加娱乐性活动，迫切地需要人身和财产安全得到保障。

（一）期待中的出境旅游最想参加娱乐性活动，迫切需要人身和财产安全得到保障

关于未来出境旅游时最想参加的旅游项目，选择最想参与娱乐活动的受访者最多，占比超过 50%，其次为参观游览，占了三分之一（见图 3-23）。

出境游客的需求在迫切度排序上分别是"更好地保障出境游客的身体健康、人身安全和财产安全""优化节假日制度，增加休假时间""保障服务品质，降低旅行价格""更好的中文环境""更多的签证便利""提供更有用更及时的境外旅游目的地信息"。

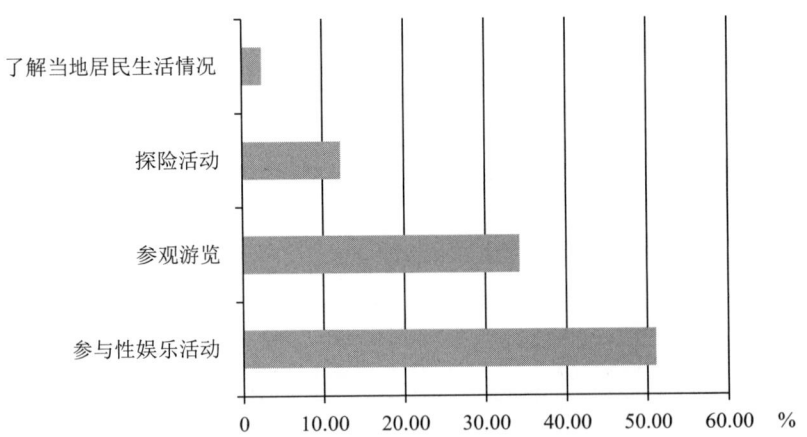

图 3-23　未来出境旅游时最想参加的旅游项目分布

（二）未来出境旅游依旧最想要与朋友结伴出游，更注重亲情

关于未来出境旅游的陪同人员，想要和朋友结伴出游的依然占比最高（见图 3-24）。与此同时，计划全家一同出游的大大增加，由 14.91% 增加至 27.54%；与部分家庭成员共同出游的占比 21.58%；单位组织出游的出境游游客占比 13.43%，独自一人出游和选择不认识的同伴出游分别占比 6.30% 和 1.34%。

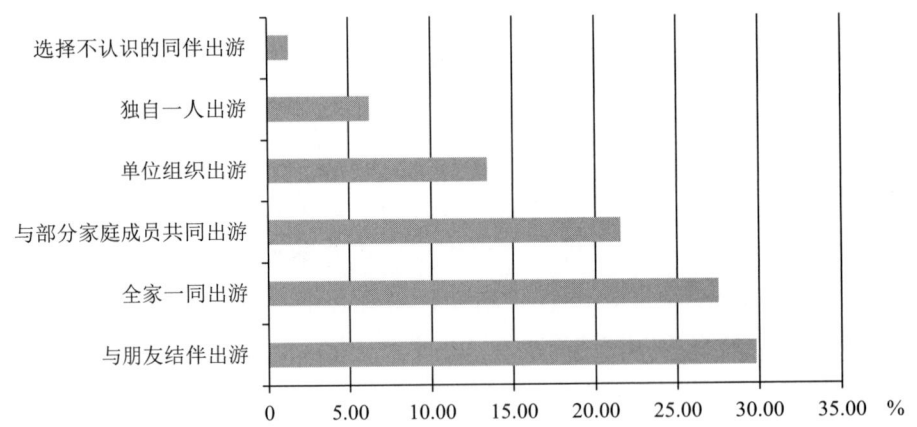

图 3-24　未来出境旅游时期望选择的出游陪同人员分布

（三）更希望到访自然生态优美和有特色美食的目的地

关于未来出境旅游时的出境目的分布上，35.13% 的受访者选择观光旅游，其次为休闲度假，占比 32.99%，选择购物的占比 12.52%（见图 3-25）。关于未来出境旅游希望到访的目的地类型，自然生态和特色美食类型的目的地最受欢迎（见图 3-26）。

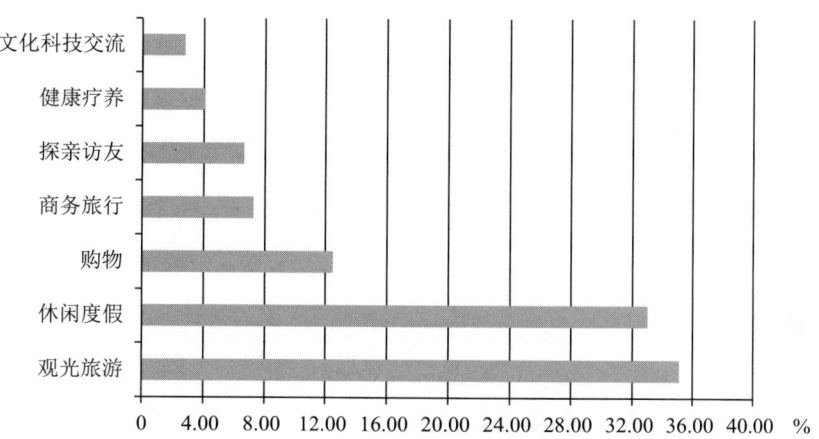

图 3-25　未来出境旅游时的出境目的分布

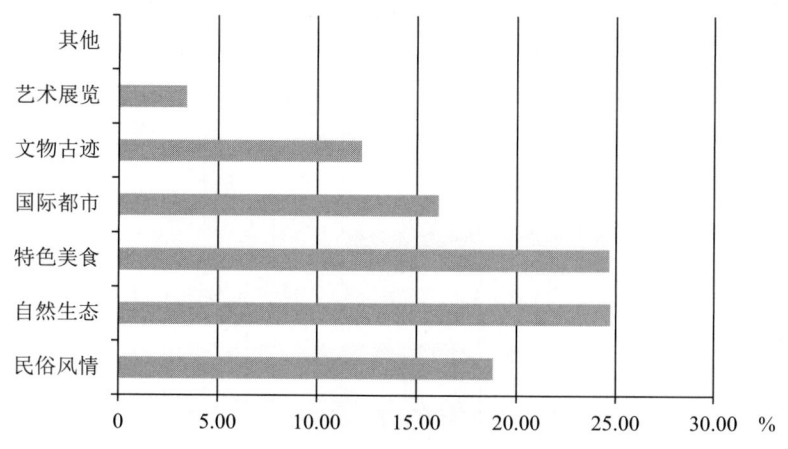

图 3-26　未来出境旅游希望到访的目的地类型

（四）网络社交媒体是最重要的获取信息渠道

网络社交媒体和旅游相关网站是未来出境游最希望获取信息的渠道，分别占比 27.07% 和 26.00%，其次是朋友及家人建议，占比 19.10%（见图 3-27）。

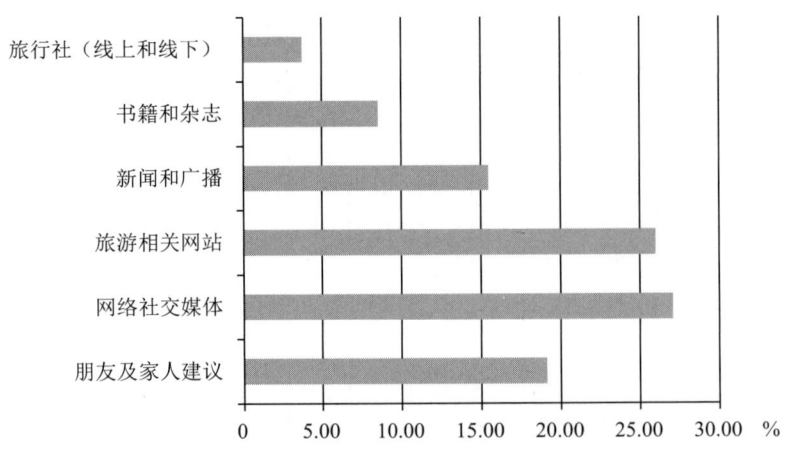

图 3-27 未来出境旅游希望获取出境旅游相关信息的主要渠道

（五）时间不够是影响未来进行出境游的最主要因素

在影响未来出境游的主要因素调查中，时间不够是最大的阻碍，占比 24.18%。其次为语言不通，占比 22.07%。有 21.14% 和 19.09% 的受访者认为安全隐患和预算不足是其出境游的主要阻碍，选择生活习惯差异、获取境外有效信息的渠道不够的较少，仅占 9.73% 和 3.72%（见图 3-28）。

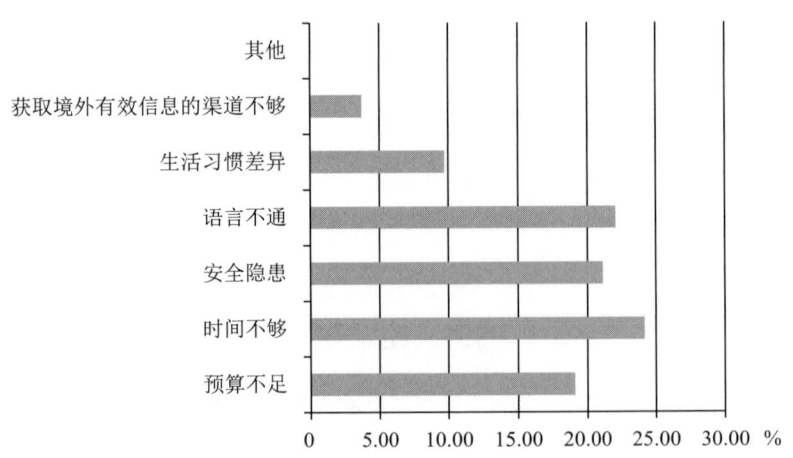

图 3-28 未来出境旅游的主要影响因素

（六）自助旅游将占据主导地位，旅游形式更加多元化

在未来出境游的方式选择上，选择自助旅游的受访者最多，占比 31.66%，

其次为旅行社跟团游，占比29.94%，单位组织的奖励旅游和定制游/私家团分别占比25.24%和13.09%（见图3-29）。在对"我会首选自助旅游进行出境游"的认可度调查中，59.3%的受访者表示认同，其中31.90%的受访者非常认同，18.4%的受访者是不认同（见图3-30）。从本次的调研来看，受访者以自助旅游作为出境游的首选，这表明，旅行社跟团游已不再是游客选择出境游的主要方式，游客在出境游方式选择中更加自主化和多元化。

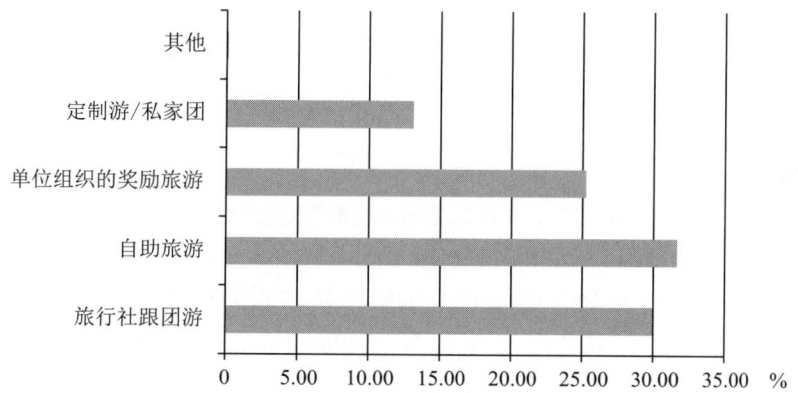

图3-29　2023年受访者会选择的出境游方式

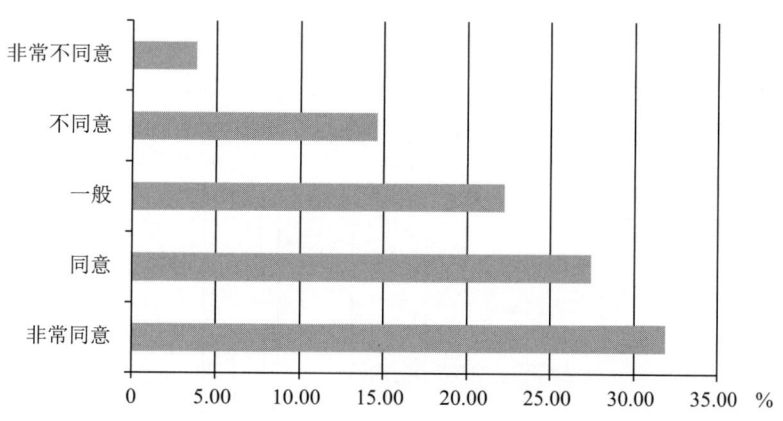

图3-30　对"我会首选自助旅游进行出境游"的认可度

（七）更愿意将钱花在住宿和餐饮项目上

关于出境后更愿意花费的项目，24.03%的受访者更愿意将钱花在"住宿"上，更愿意花在"餐饮"上的受访者排在第二位，占比23.41%。其后依次为

"景区参观游览""健康疗养""文化娱乐活动"和"购物"(见图3-31)。

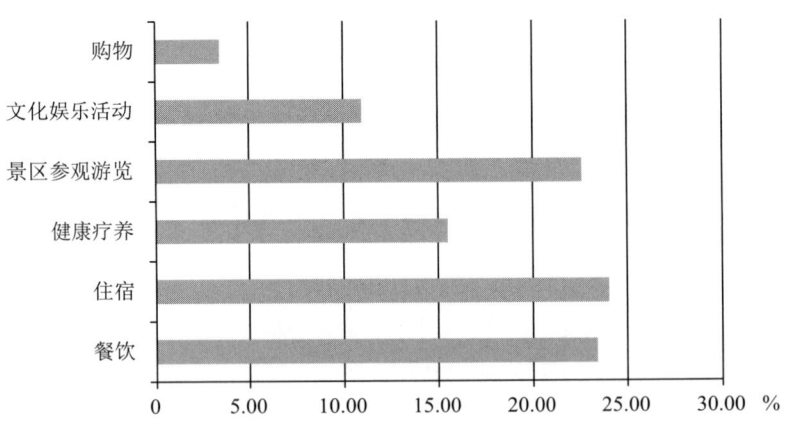

图3-31　2023年受访者出境后更愿意花费的项目分布

(八)更关注人身安全,更偏好于旅游产品和服务性价比高的旅游目的地

疫情之后,出境游更关注人身安全,在对"出境游的安全问题是我最为关注的事情"认可度调查中,66.00%的受访者表示认可,14.20%的受访者表示不认可(见图3-32)。疫情之后出境游更重视的因素由高到低排序分别是"旅游中的人身安全""旅游过程中卫生状况""旅游产品的性价比""旅游产品的丰富度""购物的便捷性""当地的文化特色"。疫情之后,对出境游目的地的选择偏好由高到低排序分别是"旅游产品和服务性价比高""物价水平稳定""从业人员素质高""生态良好,便于保持社交距离""康养项目"。

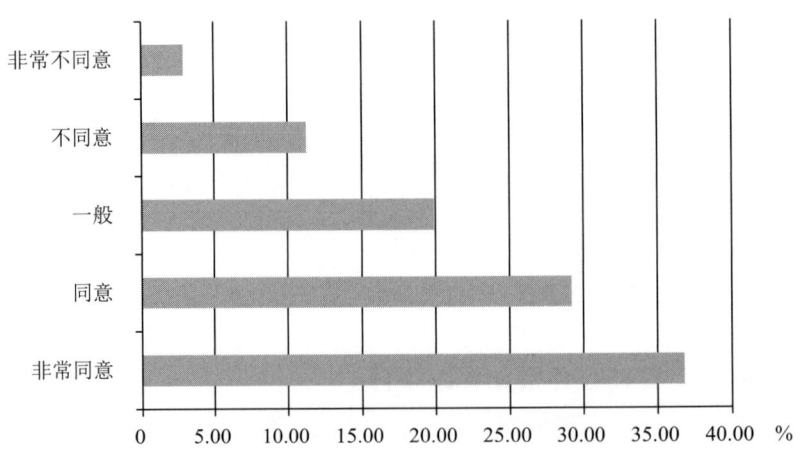

图3-32　对"出境游的安全问题是我最为关注的事情"认可度

六、对出境旅游的期待

62.80% 的受访者表示认同旅行社在安排住宿及饮食方面的品质是其最关注的，17.80% 的受访者则表示不认同，19.4% 的受访者表示中立（见图 3-33）。

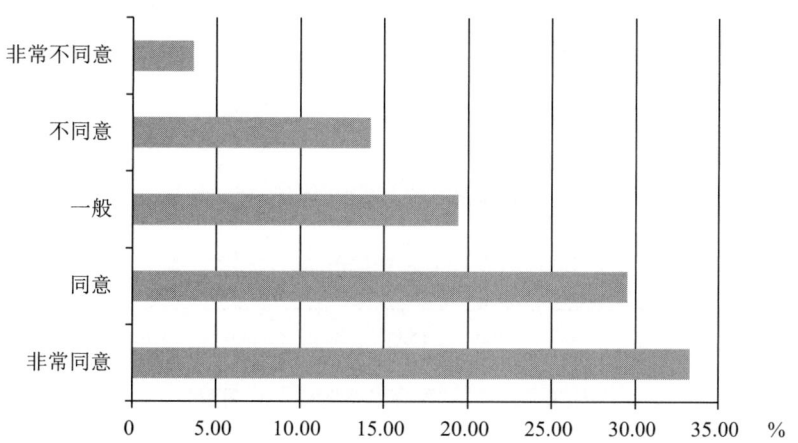

图 3-33 对"旅行社在安排住宿及饮食方面的品质是我最关注的"认可度

31.50% 的受访者非常认可选择类似于海岛等空间相对隔离的旅游目的地，28.40% 的受访者表示认可，23.20% 的受访者表示中立，13.20% 的受访者不认可，3.70% 的受访者非常不同意（见图 3-34）。

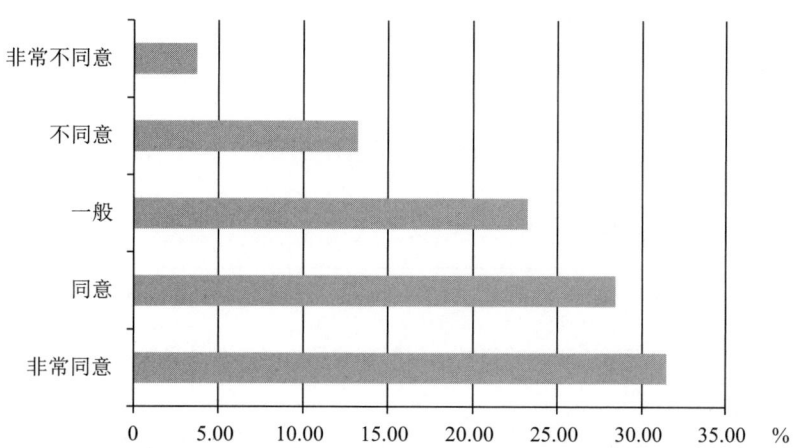

图 3-34 对"我会选择类似于海岛等空间相对隔离的旅游目的地"认可度

在对"我会选择游轮"的认可度调查中，29.10%的受访者非常认可选择游轮旅游，28.80%的受访者表示认可，表示一般的占比为23.60%（见图3-35）。

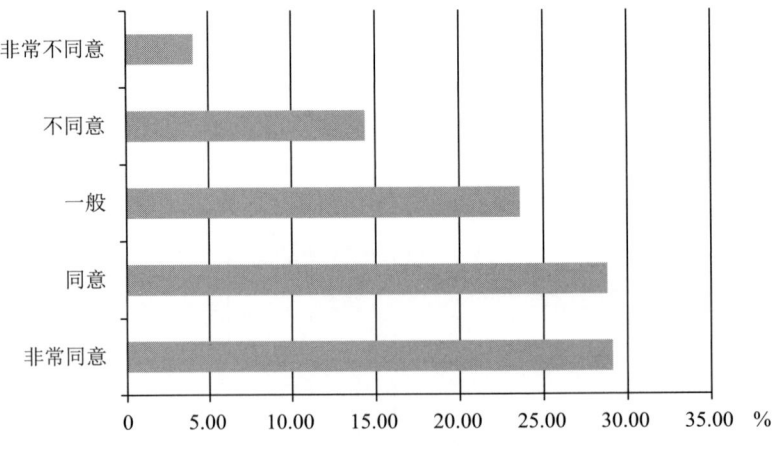

图3-35 对"我会选择游轮"认可度

在对"出境游过程中旅行社的强制消费及隐形消费是我最反感的"认可度调查中，34.30%的受访者表示非常同意，27.00%的受访者同意（见图3-36）。

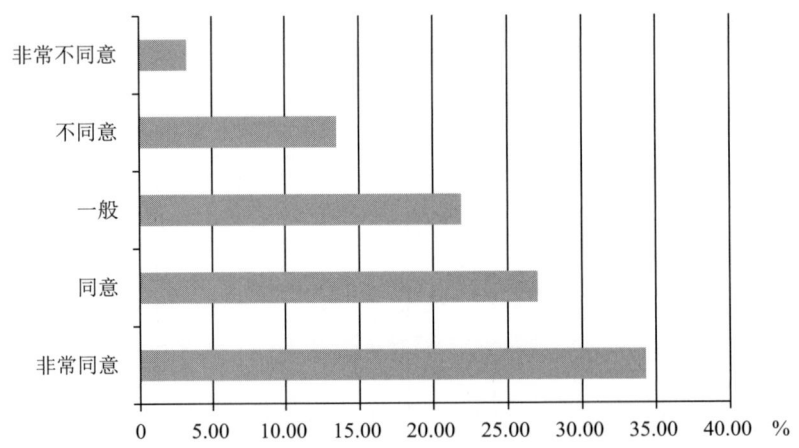

图3-36 对"出境游过程中旅行社的强制消费及隐形消费是我最反感的"认可度

在对"旅行社在安排住宿及饮食方面的品质是我最关注的"认可度调查中，非常同意和同意占比为33.30%和29.50%（见图3-37）。

第三章 市场的现实和期待
Chapter 3 Market Reality and Expectations

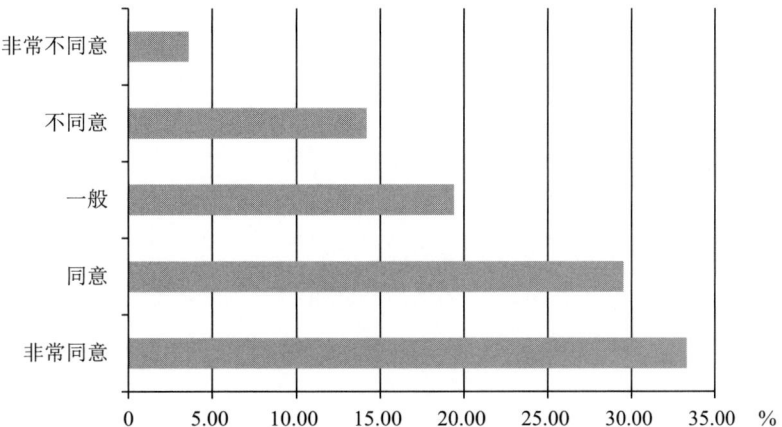

图 3-37 对"旅行社在安排住宿及饮食方面的品质是我最关注的"认可度

第四章
修复与行动

2023年，出境旅游的恢复和发展面临着复杂的环境和生态系统修复的重任，政策的衔接、产业链的重构和完善，以及市场主体重整旗鼓，都需要经历艰难的磨合进程。

一、发展环境的修复

2023年年初，联合国世界旅游组织（UNWTO）在《2023年全球旅游业晴雨表》中预测，2023年全球国际游客抵达人数可能恢复到疫情前水平的80%~95%，具体取决于经济放缓情况、亚太地区的旅游恢复情况等因素。随后的世界旅游市场明显处于恢复进程，甚至有些地区已经超出2019年的同期水平，这为中国出境旅游的恢复提供了有利的外部条件。

出境旅游生态环境有序恢复，政策优化调整不断提升出境便利度。自2023年年初以来，多国降低入境防疫要求，不再强制要求隔离或核酸检测，并减少签证限制条件，为游客出行提供更加便利的条件。2023年2月，文旅部发布《关于试点恢复旅行社经营中国公民赴有关国家出境团队旅游业务的通知》，试点恢复全国旅行社及在线旅游企业出境团队旅游和"机票＋酒店"业务，标志着出境游市场进入恢复的轨道。2023年8月11日，国内已开放出境团队游试点的目的地国家和地区已增至138个，标志着我国主要出境旅行目的地已基本全面开放。2月20日起粤港澳大湾区内地城市试点实施往来港澳人才签注政策，5月15日起全面恢复实行内地居民赴港澳团队旅游签注"全国通办"等4条措施。2023年8月14日，广铁集团推出了广深港高速铁路跨境运输新产品"灵活行"，出境便利政策的不断推出，一定程度上提升了出境游客的出游期待，刺激了出境旅游需求，都在助力出境旅游的恢复进程。国家移民管理局数据显示，2023年上半年，共查验出入境人员1.68亿人次，同比增长169.6%；签发普通护照1000余万本，同比增长2647.5%；签发往来港澳台出入境证件签注4279.8万本（枚），同比增长1509%。

2023年上半年，中国出境旅游的签证、航班、市场主体等也有所修复。

（一）签证的恢复情况

2023年乙类乙管后，我国经历了签证业务重启和申请旺季。自2023年3月起，签证需求旺盛，预约量激增。威孚仕VFS Global的数据显示，截至2023

年5月,中国的签证申请量已恢复至疫情前同期的35%。截至2023年5月底,在中国的签证中心已有80%恢复运营。

(二)航班的恢复情况

我国航空行业港澳台航线的旅客周转量和旅客运输量分别由2018年的165.05亿人千米和1127.09万人次降至2022年的6.51亿人千米和46.92万人次;国际航线的旅客周转量和旅客运输量也在2020年和2021年下滑,但在2022年迎来复苏,分别同比增长了20.2%和26.0%(见表4-1、图4-1、图4-2)。2019年之后,我国航空行业港澳台和国际航线飞行小时和起飞架次大幅度下滑,但下滑速度在逐年减慢,国际航线在2022年迎来了增长,同比增加1.6%(见表4-2、图4-3、图4-4)。2022年,我国港澳台和国际航线网络和航线里程也都迎来了疫情之后的首次增长(见表4-3、图4-5)。

表4-1　2018—2022年我国航空行业港澳台和国际航线旅客周转量和旅客运输量

年份	港澳台航线旅客周转量（亿人千米）	同比增长（%）	国际航线旅客周转量（亿人千米）	同比增长（%）	港澳台航线旅客运输量（万人次）	同比增长（%）	国际航线旅客运输量（万人次）	同比增长（%）
2022	6.51	−20.5	108.87	20.2	46.92	−20.8	186.08	26.0
2021	8.19	−36.1	90.56	−79.5	59.25	−38.4	147.72	−84.6
2020	12.83	−92.0	442.41	−86.1	96.13	−91.3	956.51	−87.1
2019	160.46	−2.8	3185.08	12.8	1107.56	−1.7	7425.43	16.6
2018	165.05	11.3	2822.61	14.0	1127.09	9.8	6367.27	14.8

资料来源:中国民用航空局。

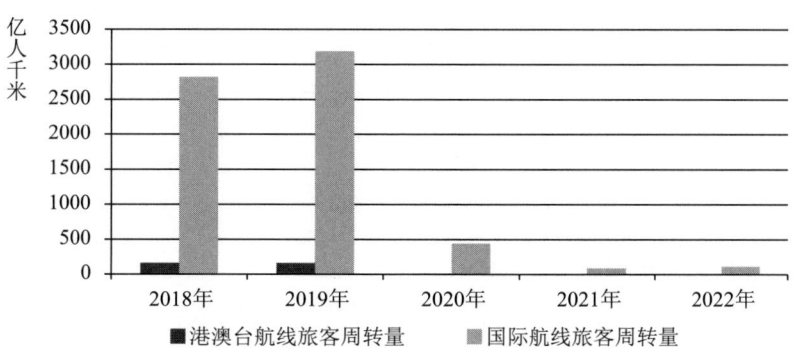

图4-1　2018—2022年我国航空行业港澳台和国际航线旅客周转量

资料来源:中国民用航空局。

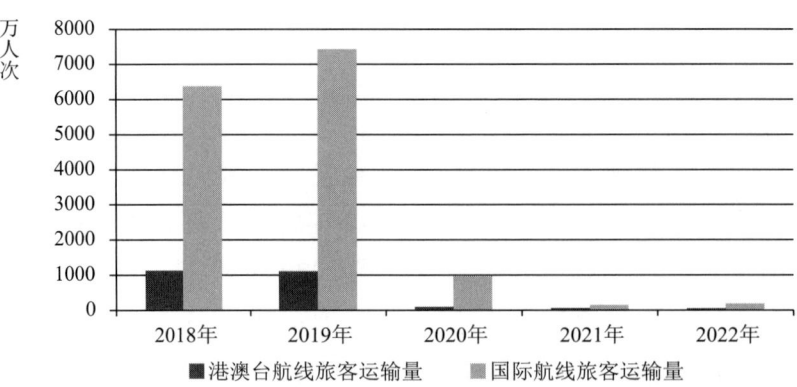

图 4-2 2018—2022 年我国航空行业港澳台和国际航线旅客运输量

资料来源：中国民用航空局。

表 4-2 2018—2022 年我国航空行业港澳台和国际航线飞行小时和起飞架次

年份	港澳台航线（万小时）	同比增长（%）	国际航线（万小时）	同比增长（%）	港澳台航线（万架次）	同比增长（%）	国际航线（万架次）	同比增长（%）
2022	2.10	−20.5	70.66	−2.7	1.01	−18.7	9.82	1.6
2021	2.64	−25.7	72.61	−17.5	1.25	−24.2	9.67	−29.9
2020	3.55	−82.3	87.99	−63.3	1.65	−80.3	13.79	−71.8
2019	20.08	1.8	239.51	9.1	8.38	2.0	48.84	12.2
2018	19.73	8.3	219.52	10.8	8.22	7.3	43.52	10.8

资料来源：中国民用航空局。

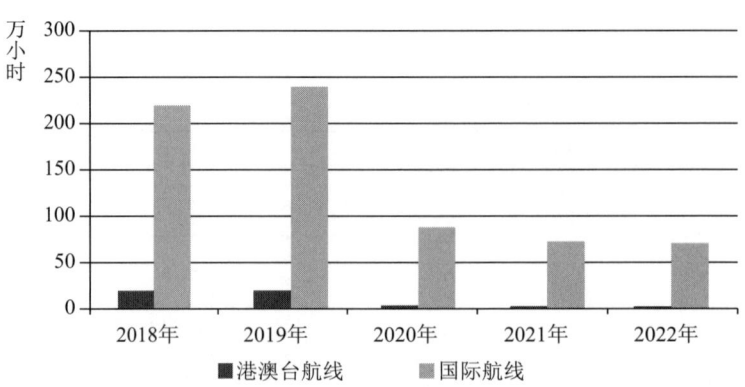

图 4-3 2018—2022 年我国航空行业港澳台和国际航线飞行小时

资料来源：中国民用航空局。

第四章 修复与行动
Chapter 4 Restore and Action

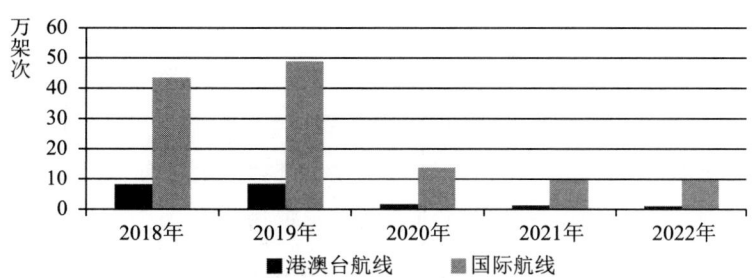

图 4-4 2018—2022 年我国航空行业港澳台和国际航线起飞架次

资料来源：中国民用航空局。

表 4-3 2018—2022 年我国港澳台和国际航线网络和航线里程

年份	港澳台航线（条）	同比增长（%）	国际航线（条）	同比增长（%）	港澳台航线里程（万千米）	同比增长（%）	国际航线里程（万千米）	同比增长（%）
2022	27	8.00	336	20.43	3.54	20.41	167.68	14.57
2021	25	−73.40	279	−68.83	2.94	−78.51	146.36	−66.10
2020	94	−15.32	895	−6.09	13.68	−18.13	431.80	−3.03
2019	111	11.00	953	12.25	16.71	6.91	445.30	7.95
2018	100	4.17	849	5.73	15.63	2.16	412.52	9.63

资料来源：中国民用航空局。

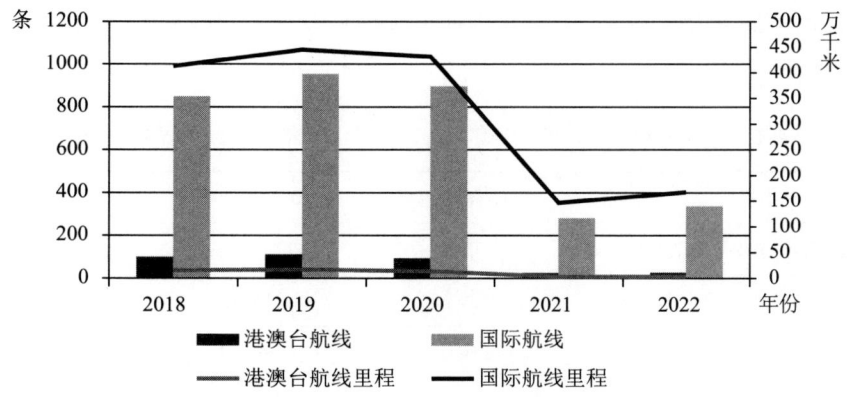

图 4-5 2018—2022 年我国航线网络和航线里程

资料来源：中国民用航空局。

2022年，我国航空公司国际定期航班通航国家和国外城市较2021年有所增长，分别较2019年恢复了76.92%和46.11%，通航50个国家的77个城市；内地航空公司定期航班从20个内地城市通航香港，较2019年恢复了66.67%；从5个内地城市通航澳门，较2019年恢复了26.31%；大陆航空公司从7个大陆城市通航台湾地区，较2019年恢复了14.29%（见表4-4）。

表4-4 2018—2022年我国航空定期航班通航情况

年份	国际定期航班通航国家（个）	国际定期航班通航国外城市（个）	内地城市通航香港（个）	内地城市通航澳门（个）	大陆城市通航台湾（个）
2022	50	77	20	5	7
2021	41	60	8	8	8
2020	62	153	25	17	43
2019	65	167	30	19	49
2018	65	165	32	14	48

资料来源：中国民用航空局。

进入2023年，中国的航空行业在上半年迎来了强势复苏，港澳台航线恢复到疫情前2019年的40%左右，国际航线恢复到了疫情前2019年的23%左右（见表4-5）。中国民航2023年6月主要生产指标统计显示，2023年上半年，港澳台航线的旅客周转量和旅客运输量分别为35.7亿人千米和256.0万人，国际航线的旅客周转量和旅客运输量分别为359.8亿人千米和836.8万人，均比上年同期增加了10倍左右。

表4-5 中国民航2023年上半年和2019年上半年港澳台、国际航线比较

指标	2023年上半年	2019年上半年	恢复程度
港澳台航线旅客周转量（亿人千米）	35.7	90.3	39.53%
国际航线旅客周转量（亿人千米）	359.8	1552.9	23.17%
港澳台航线旅客运输量（万人）	256.0	617.9	41.43%
国际航线旅客运输量（万人）	836.8	3628.8	23.06%

资料来源：中国民用航空局。

（三）市场主体的恢复情况

我国出境旅行社的业务受疫情影响变化极大，疫情期间亏损严重，尤其是在2021年，根据文化与旅游部数据，全国旅行社出境旅游营业收入仅为6.63亿元，占全国旅行社旅游业务营业收入总量的0.45%，而在受疫情影响之前的2019年，这一比重高达41.54%；业务利润从2019年的盈利89.58亿元急剧下滑至2021年的亏损0.44亿元。2022年之后，我国旅行社出境旅游的业务情况逐渐好转，营业收入升至10.94亿元，但业务利润依然处在亏损状态（见表4-6、图4-6、图4-7）。

表4-6　2019—2021年全国旅行社出境旅游业务情况

年份	营业收入（亿元）	占全国旅行社旅游业务营业收入总量（%）	业务利润（亿元）	占全国旅行社旅游业务利润总量（%）
2019	2145.56	41.54	89.58	38.40
2020	163.91	11.92	0.57	17.50
2021	6.63	0.45	−0.44	—
2022	10.94	1.23	−0.25	—

资料来源：《2022年度全国旅行社统计调查报告》《2021年度全国旅行社统计调查报告》《2020年度全国旅行社统计调查报告》《2019年度全国旅行社统计调查报告》。

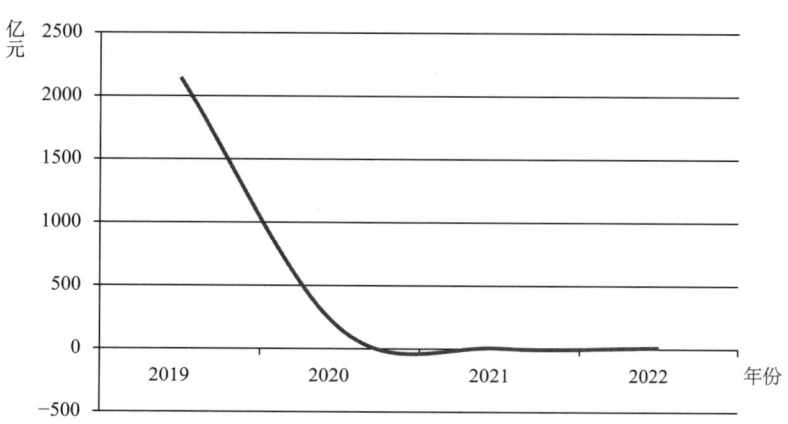

图4-6　2019—2022年全国旅行社出境旅游营业收入

资料来源：《2022年度全国旅行社统计调查报告》《2021年度全国旅行社统计调查报告》《2020年度全国旅行社统计调查报告》《2019年度全国旅行社统计调查报告》。

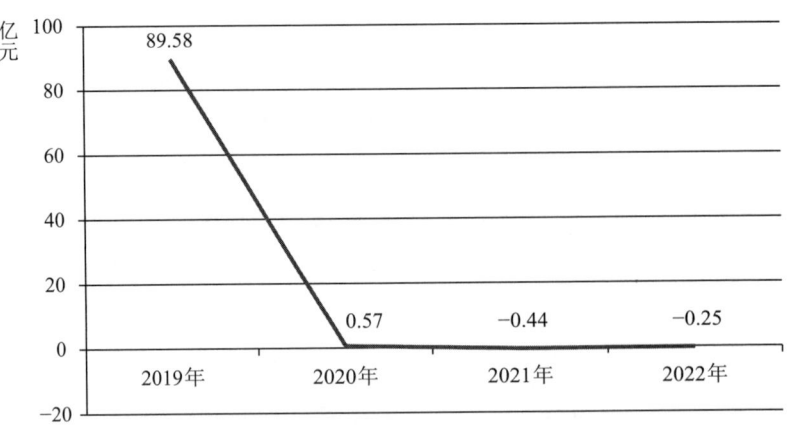

图 4-7　2019—2022 年全国旅行社出境旅游业务利润

资料来源：《2022 年度全国旅行社统计调查报告》《2021 年度全国旅行社统计调查报告》《2020 年度全国旅行社统计调查报告》《2019 年度全国旅行社统计调查报告》。

受疫情影响，2020—2022 年间，中国具有出境旅游业务资质的旅行社旅游业务营业收入持续下滑，由 2019 年的 3960.01 亿元持续下滑至 2022 年的 391.08 亿元（见表 4-7）。在这一艰难处境下，众多具有出境旅游业务资质的旅行社的旅游业务方向发生重大变化，出境旅游营业收入占旅行社旅游营业比重急剧缩小，将更多的业务转向非出境旅游业务。在未受疫情影响的 2019 年，全国旅行社出境旅游营业收入与具有出境旅游业务资质的旅行社旅游营业收入之比为 54.18%，在初受疫情影响的 2020 年，这一比重降为 20.26%，在深受疫情影响的 2021 年，这一比重仅为 0.89%（见图 4-8）。2022 年，随着各目的地国家和地区入境管控限制的解除，旅行社的出境旅游营业收入较 2021 年有所增加，出境旅游营业收入占比升至 2.80%，但是由于我国的管控政策在 2022 年底才彻底放开，因此出境旅游业务和 2019 年相比依然差距巨大。

出境游的停滞，使众信旅游、途牛、凯撒旅业等中国领先的出境游运营商经历了重大危机。众信旅游在 2020 年旅游服务业务营收同比分别下降 87.8%，2021 年同比分别下滑 56.1%。途牛 2022 年净收入为 1.836 亿元，同比减少 56.93%；凯撒旅业 2021 年年报的财务数据显示，其 2021 年营业收入 9.4 亿元，同比减少 41.78%。

表 4-7 具有出境旅游业务资质的旅行社旅游业务与旅行社出境旅游业务比较

年份	具有出境旅游业务资质的旅行社旅游业务营业收入（亿元）	旅行社出境旅游营业收入（亿元）	出境旅游营业收入占比（%）
2019	3960.01	2145.56	54.18
2020	808.96	163.91	20.26
2021	741.34	6.63	0.89
2022	391.08	10.94	2.80

资料来源：《2022年度全国旅行社统计调查报告》《2021年度全国旅行社统计调查报告》《2020年度全国旅行社统计调查报告》《2019年度全国旅行社统计调查报告》。

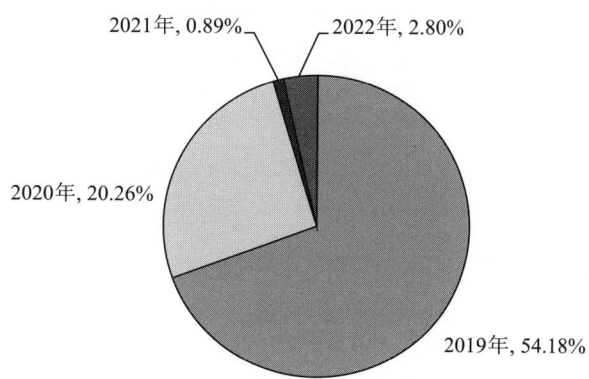

图 4-8 旅行社出境旅游营业收入与具有出境旅游业务资质的旅行社旅游营业收入比

资料来源：《2022年度全国旅行社统计调查报告》《2021年度全国旅行社统计调查报告》《2020年度全国旅行社统计调查报告》《2019年度全国旅行社统计调查报告》。

2023年8月10日，文化和旅游部发布《关于恢复旅行社经营中国公民赴有关国家和地区（第三批）出境团队旅游业务的通知》，我国的出境游进一步放开，旅游市场再迎利好。随着利好政策的不断发布，我国公民的出境游意愿持续上升，进一步释放旅游消费潜力，为全球旅游业的复苏注入了更多活力。

2022年之后出境旅游业务有所回暖，尤其是在2023年1月20日，文化和旅游部发布《关于试点恢复旅行社经营中国公民赴有关国家出境团队旅游业务的通知》，提出自2023年2月6日起，试点恢复全国旅行社及在线旅游企业经营中国公民赴有关国家出境团队旅游和"机票+酒店"业务后，出境游复苏态势明显，出境旅行社及在线旅游企业积极开展产品发布、宣传推广等准备工作。部分企业实现了转亏为盈，如中青旅2023年上半年扭亏为盈，预计净利润超亿元；众信旅游预计2023年第二季度归母净利润在150万~650万元，同比增长106.28%~115.06%（见表4-8）。

表4-8 部分出境游企业恢复情况

序号	企业名称	疫情后的恢复情况
1	凯撒旅业	据凯撒旅业2023年第一季度报告显示，第一季度营业收入7679.81万元，同比减少36.82%，归母净亏损4249.42万元，同比缩小32.61%。 2023年至今，凯撒旅游交易流水同比增长325%，多日交易流水突破百万，单日最高突破500万。产品上线量环比2月初增长明显，基本覆盖已开放试点国家，产品类型除团队游产品外，还有单团定制、机票、酒店、自由行、签证类等多条产品线。
2	众信旅游	众信旅游在2023年第一季度的营业收入约为1.38亿元，同比增长131.72%；归属于母公司股东的净利润约为-3749.95万元，亏损同比缩小34.15%。 众信旅游迪拜首发团、南非首发团、埃及团均在上线后迅速报满，其中迪拜首发团在上线两天内售罄，创下2023年洲际旅游目的地报名速度之最。在运营恢复上，众信旅游核心员工基本保留，很多产品负责人在2022年年底已开始复工。
3	中青旅	2023年第一季度，中青旅行社业务在报告期内营业收入实现同比增长，净利润同比持平。上半年扭亏为盈，但在旅行社业务方面支撑有限，出境游客占比仍然很低。
4	春秋旅游	春秋旅游数百款产品上新，相关出境产品咨询量及官网浏览量实现了明显增长。
5	同程旅行	2023年第一季度，同程旅行实现营收25.9亿元，同比增长50.5%。 文化和旅游部公布第三批恢复出境团队游的国家和地区后，同程旅行平台签证咨询量较前日同一时段上涨明显，赴相关国家的出境游产品咨询量大幅攀升。2023年，同程旅行平台亲子研学类出境产品预订量较2019年同期上涨超过两倍。
6	途牛	2023年1月8日"乙类乙管"后，途牛旅游网出境游产品预订量较前一月增长明显。途牛旅游网2月出境产品预订量较1月增长近两倍，出境游出游人数较1月增长接近两倍。
7	飞猪	2023年第一季度，飞猪平台国际酒店预订量、签证办理量同比2022年净增超5倍。

资料来源：课题组搜集整理。

二、主要出境目的地的行动

中国游客的回归对国际旅游业的恢复起着重大的作用，中国主要出境目的地国家和地区纷纷采取各种行动和措施来吸引和方便中国游客的前往。中国旅游研究院发布的《2023年上半年出境旅游大数据报告》显示：上半年出境游目的地共计接待内地（大陆）游客4037万人次，恢复至2019年同期（8129万人次）的49.7%。在全球19个典型区域中，交通和签证便捷、旅游资源丰富的东亚、东南亚地区接待出境游客最多，分别占比83.92%、8.59%，从热门目的地来看，中国香港、中国澳门、中国台湾是出境游主要目的地，接待出境游客共占比79.89%；除中国香港、中国澳门、中国台湾之外，内地（大陆）游客选择出国游的比例为20.11%，其中，超过六成的出国游客分布在亚太地区（见表4-9）。

表4-9 主要出境旅游目的地国家和地区采取的行动和旅游业恢复情况

序号	出境旅游目的地国家和地区	主要采取的行动和措施	旅游业恢复情况
1	中国香港	香港旅游发展局持续加强各个客源市场的宣传推广，深化Hello Hong Kong（你好，香港）宣传工作，并通过举办不同的大型盛事，包括香港单车节、香港美酒佳肴巡礼、香港缤纷冬日巡礼、香港跨年倒数等，以及支持城中国际盛事，吸引旅客访港，提升及丰富旅客在香港的旅游体验。2023年3月，香港机场管理局推出"飞遇世界大赏"机票送赠计划，向主要客运市场旅客赠送50万张机票。2023年4月15日，香港航空联合飞猪以"买一送一"的活动形式派发免费机票，推出"一人价钱，两人飞"主题产品。	香港旅游发展局数据显示，2023年上半年累计1288.39万访港旅客人次，日均旅客量约7.1万人，其中内地旅客1011.22万人次，占访港旅客约78%。
2	中国澳门	澳门旅游局已积极为恢复内地团队游作准备，2022年已推出针对内地市场的"想你享福利·乐游澳门团"资助计划，加强澳门旅游宣传及优惠推广，自2020年9月起，推出机票及酒店优惠，吸引内地旅客来澳门旅游，2023年2月中下旬重启"感受澳门乐无限"大湾区巡回路展宣传，包括广州、江门、深圳及余下城市，2023年亦计划有"澳门周"推广活动。	澳门特区政府旅游局数据显示，2023年上半年入境澳门旅客达1160万人次，上半年内地旅客恢复至疫情前的五成多。
3	泰国	泰国推出新政方便中国游客赴泰，推出免签政策；增加中泰间的航线和航班；举办"值得信赖的泰国游、泰国越玩越开心"发布会，强调赴泰旅游的安全性，增强中国游客对赴泰旅游的信心。	泰国旅游部门的统计数据显示，2023年1月至5月，赴泰中国游客达到了100万人次，其中90%为自由行。
4	日本	自2023年6月19日起，日本驻华大使馆正式开始发行电子签证；日本政府计划出台"数字游民签证"政策，希望通过为高技能人才创造便利环境促进访日游客消费。	日本国家旅游局（JNTO）公布数据，2023年上半年的访日外国游客人数达到了1071.2万人，其中来自中国大陆的游客为59.46万人，较2019年同期减少了86.9%。

续表

序号	出境旅游目的地国家和地区	主要采取的行动和措施	旅游业恢复情况
5	越南	越南的新签证政策将电子签证的有效期从30天延长至90天，可多次入境越南；将单边免签入境越南人员的临时停留期限从15天延长至45天；2023年1月9日，越南旅游总局与越南旅游协会联合在广宁省芒街市举行"吸引中国游客赴越南旅游的措施"会议。	越南国家旅游局数据显示，2023年前6个月，中国赴越南游客人数约55.7万人次，相当于2019年同期（近250万人次）的25%。
6	韩国	从2023年7月3日起，外国游客的韩国电子旅游许可证（K-ETA）有效期从2年延长至3年；增加电子旅游许可证的支持语言种类，提供包括中文在内的8种语言服务；允许团体申请的人数上限也由30人增至50人。	韩国银行（央行）统计数据显示，韩国第一季度旅游贸易收入为30.86亿美元，支出为63.21亿美元，逆差为32.35亿美元，创2019年第三季度（32.8亿美元）以来新高。
7	美国	美国政府在2022年的国家旅游战略中制定了4项主要战略，包括推广该国成为人们首选的旅游目的地；促进入境旅行的安全高效；确保旅客获得多样化的旅行体验；以及促进国内旅业的可持续发展。简化入境程序。美国部分州已经发放可以存储在智能手机上的电子驾照，国际民用航空组织也正在制定数字旅行证件的规范。	Skift Research数据显示，美国2023年4月接待的中国旅客数量为54万人次，相比2019年同期下降81%。
8	新加坡	过去三年中，新加坡旅游局始终坚持通过不断创新的活动和推广方式，积极地与中国消费者沟通与对话，并为即将到来的全面复苏作准备。2022年，新加坡旅游局与携程联合直播，介绍新加坡高端品质游产品；与KEEP、Joyrun、李宁合作，推出共同探索体验自然、瑜伽等活动；与网易LOFTER合作推出数字艺术藏品；参加国际休闲贸易会议，为中国消费者分享新加坡旅游的最新消息。	新加坡旅游局网站数据显示，新加坡2023年上半年入境旅客达628万人次，同比增长300%，其中中国旅客42万4000人次，同比大幅增长1122%。
9	马来西亚	马来西亚在2022年4月1日已经全面开放边境，经过一年的准备，旅行社、酒店和中文导游等旅游服务都已准备好欢迎中国游客的到来。2023年3月，中马航线运力已恢复到疫情前的20%。马来西亚推出了电子签证，为游客提供更加便捷的服务。马来西亚槟城旅游局与携程合作，首次签署全球合作谅解备忘录；马来西亚航空与南航签署代码共享协议；马来西亚移民局将在国际入境口岸为中国旅客开辟特别通道，让来自中国的旅客入境时能更快速通关。	马来西亚旅游部数据显示，2023年1月至3月期间，马来西亚吸引了438万名外国游客赴马旅游，其中中国游客有17.82万人次。

第四章　修复与行动
Chapter 4　Restore and Action

续表

序号	出境旅游目的地国家和地区	主要采取的行动和措施	旅游业恢复情况
10	柬埔寨	为了吸引和欢迎中国游客，柬埔寨旅游部采取了以下措施：一是对包括中国游客在内的所有国际游客实施平等的旅游政策。二是加快推进"中国准备（China Ready）认证系统"，促进柬埔寨旅游业做好准备，以便为所有到访的中国游客提供良好的服务和热情的接待。三是便利和鼓励中国游客在柬埔寨以电子、数字和现金的形式用人民币支付。四是为中国游客在柬埔寨所有国际边境检查站入境提供便利。五是通过旅游展览、活动和数字平台等，向中国市场推广柬埔寨旅游。中柬两国航班数量也在逐步恢复，2023年2月16日昆明和上海直飞暹粒省复飞。柬埔寨旅游部称，两国直航航班逐渐增多，已恢复至疫情前的三成至四成水平。 2023年将与中方有关部门和协会共同举办三场大型活动，以纪念中柬建交65周年，实现吸引100万人次中国游客的目标。	柬埔寨旅游部数据显示，2023年1月来柬旅游的中国游客有2.5万人次，同比、环比均有大幅度增长。
11	印度尼西亚	印尼旅游和创意经济部长表示，印尼已准备好迎接来自中国的游客，印尼将在"保持谨慎的同时公开欢迎中国游客的到来"。此外，已有多家中国航空公司正向印尼相关部门申请恢复或开通中国到雅加达和巴厘岛的直飞航班。印尼尽最大努力增加连接中国主要城市和印度尼西亚主要城市的直飞航班数量，并大力鼓励外国航空公司合作伙伴，如吉祥航空，开辟飞往印度尼西亚的新航线并满足客运能力，至少达到大流行前的水平。 2023年5月16日和18日印尼旅游和创意经济部时隔3年多后再次来华举办"精彩印尼销售代表团"活动。	2023年1月至3月1日，中国游客到达印尼人数为11.34万人次。
12	澳大利亚	澳大利亚旅游局的中国团队致力于通过社交媒体和市场上的主要媒体，与行业合作伙伴、企业客户，以及消费者互动。同时，开展行业和媒体系列活动，让更多人向往澳大利亚之旅。澳大利亚旅游局开展"来澳大利亚，道一声你好"（Come and Say G'day）。中澳两地间的航空运力已恢复至疫情前水平的54%。	澳大利亚政府官方数据显示，出境游恢复后首月中国赴澳游客总量即大幅跃升，2023年1月至4月，澳大利亚共接待逾11万中国游客。
13	菲律宾	菲律宾驻华使领馆8月24日试开通电子签证服务。菲律宾将为外国游客在菲购买并携带商品离境提供增值税（VAT）返还服务。此举旨在吸引更多外国游客，拟最迟于2024年实施。	2023年前五个月，共计约有7.5万名中国游客赴菲律宾旅游。

资料来源：课题组搜集整理。

三、市场主体的期望和行动

出境游的恢复不是一蹴而就的，其受困于境外各方资源还处于恢复阶段，如签证办理能力的恢复、航班的恢复，等等。在接待上，部分目的地还有欠缺，出现如通关时间慢、排队等情况。我国的出境市场主体期望进一步恢复航班、恢复签证办理业务、提高签证便利化水平、加强与境外目的地的合作、加大对旅游人才的培养、规范出境游市场秩序、进一步出台出境游利好政策等以便其进一步丰富出境游产品，促进我国出境游市场的复苏繁荣。

在推动共建"一带一路"的大背景下，出境游推动着中国与世界各国民间文化的融合和交往。不少出境游企业正在积极布局，开拓旅游新疆域，包括途牛、众信、凯撒都期望与境外目的地保持合作，打开自己的视界来深耕出境游（见表4-10）。2022年，途牛持续聚焦全球目的地，与各境外旅游局保持密切沟通和协作，助力目的地旅游形象和影响力的提升；众信与凯撒也与沙特阿拉伯旅游局签署合作协议，将开展广泛深入的战略合作，提升沙特地区目的地软性服务水平，积极推动中沙旅游产业进入快速优质发展模式。

2023年，随着第一批恢复出境团队游国家名单发布，各出境游企业随之迅速开启出境游业务，尽快修复旅游产品链和服务链，与境外资源方积极对接，在需求导向下紧锣密鼓地筹备前往各目的地的精细化、多样化的出境游产品。

表4-10 部分出境游市场主体的行动

序号	市场主体	主要行动
1	中旅旅行	中旅旅行多家所属企业积极统筹优质出境游目的地旅游和地接资源，组织出境游首发团包括：组织16位游客担任"重连中泰使者"，开启泰国体验之旅；宁波国旅首发巴厘岛，畅享海岛旅程，还陆续推出了马尔代夫、泰国、埃及、迪拜等出境游产品20余条。2023年下半年，中旅旅行组织多个出境团队游赴亚洲、欧洲境外旅游目的地，重启高品质出境团队游。
2	携程	携程与马来西亚槟城旅游局首次签署全球合作谅解备忘录；携程集团与新西兰旅游局签署战略合作备忘录，双方将通过合作开展一系列联合营销活动，吸引亚太地区的游客选择新西兰作为旅游度假地。 携程计划在日本、澳大利亚、英国、德国、以色列、美国、摩洛哥、印度等多个国家尽快上线相关出境游产品，于8月上线近千条产品，包含跟团游、半自助游、私家团以及自由行包打产品等多种类型。在9月推出日本首发团，国庆节左右发出澳大利亚、摩洛哥、以色列的首发团。

续表

序号	市场主体	主要行动
3	马蜂窝	在 2023 年 2 月 6 日国内恢复部分出境团队游业务后,马蜂窝组团 300 多位游客前往泰国普吉旅游,为游客提供"北极星攻略"专属指南,通过"即时攻略"的社群实时分享当地游玩信息,最大限度满足团队共性需求和每位团员的个性需求; 与以色列国家旅游部达成战略合作协议,深化多领域合作,为用户提供全面的以色列目的地指南和旅行攻略; 2023 年 9 月 21 日,携手丹麦国家旅游局、芬兰国家旅游局、瑞典国家旅游局,共同发起"如风般去旅行"推广计划; 2023 年 10 月,重启与国泰航空联合发起的"点亮全球"计划,推出了 8 条境外游线路,用新玩法、新体验拓宽这个星球的有趣维度,唤醒旅行者们"重返世界"的欲望。
4	春秋旅游	春秋旅游凭借春秋航空迅速恢复的中泰航线和航班优势,2023 年 2 月已恢复从中国多个城市前往泰国的团队旅游和自由行业务,春秋总部和多个分公司也已进行了对目的地资源的集中采购,把总团队费用控制在一个比较合理的区间。 春秋旅游平台已上线 2023 年 11 月首发的 3 款欧洲深度游产品,包括英国深度游、"奥地利+捷克+匈牙利"三国游和"英国+爱尔兰"两国游,后期陆续上线了韩国、澳大利亚、日本、巴西等国家的相关旅游线路产品。
5	凯撒旅业	凯撒旅游已全面开启出境游业务,筹备的出境跟团游产品基本覆盖 20 个试点国家,涵盖数十个产品,提供团队游、自由行、定制游、商旅会奖等多种选择。 2023 年 2 月 7 日组织了首个出境商务考察团从杭州出发奔赴欧洲,启程以来,各目的地旅游产品都收到了游客的咨询与报名,其中,瑞士、新西兰、泰国、新加坡、马来西亚、埃及、斐济、肯尼亚等热门目的地备受追捧。3 月,随着第二批恢复出境团队游国家名单发布,凯撒旅业组织内部团队,协调外部资源,围绕相应目的地,筹划上线更多类型的出境游产品。
6	众信旅游	2023 年 2 月,众信旅游首批出境团队游产品全面上线,首发团于 2 月 9 日从北京出发前往埃及。 与境外资源方积极对接,在需求导向下打造精细化、多样化的深度游产品。 众信旅游设有定制游部门,针对首批 20 个试点目的地如泰国、巴厘岛、新加坡、老挝、瑞士、斯里兰卡、马尔代夫等,筹备了更加精细化、多样化的深度游产品。
7	中青旅	中青旅加紧与境内外客户伙伴沟通,尽快修复旅游产品链和服务链,及时上线相应旅游产品,做好游客关注的健康保障工作。
8	同程旅行	同程旅行平台已上线前往各出境游国家和地区的签证产品,相关跟团游及"机+酒"产品也在快速筹备中。在新开放的目的地国家和地区中,土耳其、澳大利亚、日本、北欧等热门目的地的出境跟团游产品已经上线。
9	飞猪	2023 年 2 月 6 日,飞猪发布了"你好,明天"助力旅游业振兴计划的 5 条细则,帮助具备出境跟团游经营资质的商家入驻平台重启经营。其中包括简化商家入驻流程,提供 44 门免费专业培训课程,协助商家与海外目的地各类旅游资源方开展对接合作等,同时还将为出境游商家提供不少于 3000 个的营销位,1000 余个达人主播纯佣带货坑位。 2023 年 2 月下旬,飞猪推出了 2023 年第一场出境游大促"全球奇妙旅游节"。

续表

序号	市场主体	主要行动
10	美团	截至 2023 年 8 月,美团共上线近 1.5 万个出境团队游产品,覆盖约 200 个目的地国家和地区;包含境外门票、签证、跟团游、半自助游以及自由行打包产品等多种类型。美团酒店上线了"好价不用比"的活动,中国香港、中国澳门、日本、韩国、泰国等地的酒店五折券每日限量发放,并为中国用户在全球千个热门目的地中精选出语言、支付等方面更为便捷的酒店,助力用户出境游"又好又省"。大众点评2023 年"必吃榜"新增东京、大阪、曼谷、新加坡四个海外城市,近 90 家美食餐厅上榜,方便用户在出国游玩时探索当地美食。

资料来源:课题组搜集整理。

第五章
变化中的目的地满意度

一、出境游客的满意度

2023年前三季度，出境游客出游时有抱怨情绪的占比25.63%，无抱怨情绪的游客占比为74.36%，与2019年疫情前出境游客出游时31.66%的抱怨情绪占比相比，抱怨情绪降低，满意度大幅提升（见图5-1）。分季度来看，2023年出境游客对出境旅行的满意度是逐渐下滑的：第一季度出境游客出游时有抱怨情绪的占比23.20%，无抱怨情绪的游客占比为76.80%；第二季度出境游客出游时有抱怨情绪的占比25.50%，无抱怨情绪的游客占比为74.50%；第三季度出境游客出游时有抱怨情绪的占比28.20%，无抱怨情绪的游客占比为71.80%。总体而言，2023年中国游客对出境旅行较2019年更为满意。

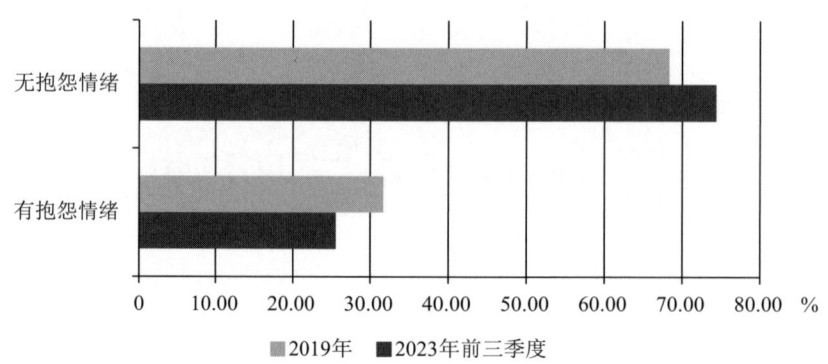

图5-1　2019年和2023年前三季度中国公民出境旅游抱怨情绪占比分布

二、目的地满意度状况

2023年前三季度，在调研的样本国家或地区中，除印度外，出境旅游目的地满意度综合评分全部达到75分以上的"基本满意"水平样本，游客综合满意度从高到低依次是：新加坡86.06分、新西兰84.62分、中国澳门84.47分、加拿大83.68分、中国香港82.83分、马来西亚82.19分、泰国81.86分、南非 81.58 分、中国台湾 81.01 分、英国 80.97 分、美国 80.42 分、蒙古 80.34 分、阿根廷 80.12 分、巴西 80.02 分、澳大利亚 79.68 分、越南 79.64 分、韩国 79.58 分、日本 79.51 分、意大利 79.25 分、西班牙 79.20 分、俄罗斯 78.49 分、法国 78.40 分、柬埔寨 76.58 分、德国 76.49 分、印度尼西亚 75.76 分、菲律宾 75.72 分、印度 72.08 分（见图 5-1）。与 2019 年相比，基本满意指数降低的有 16 个，分别是印度（-8.77 分）、德国（-4.76 分）、印度尼西亚（-4.75 分）、菲律宾（-4.59 分）、日本（-4.54 分）、法国（-4.06 分）、柬埔寨（-4.02 分）、西班牙（-3.03 分）、美国（-2.62 分）、意大利（-2.60 分）、俄罗斯（-2.35 分）、澳大利亚（-2.20 分）、韩国（-1.25 分）、蒙古（-0.76 分）、中国台湾（-0.71 分）、泰国（-0.41 分）。出境旅游基本满意指数上升的有 11 个，分别是南非（2.85 分）、新西兰（2.60 分）、中国澳门（2.12 分）、新加坡（2.11 分）、加拿大（1.84 分）、越南（1.22 分）、中国香港（0.87 分）、英国（0.7 分）、巴西（0.46 分）、马来西亚（0.46 分）、阿根廷（0.27 分）。

表 5-1　2023 年前三季度出境旅游目的地满意度综合评分及变化

排名	目的地国家或地区	2023 年前三季度（分）	与 2019 年相比（分）	与 2020 年相比（分）
1	新加坡	86.06	2.11	2.08
2	新西兰	84.62	2.60	0.99
3	中国澳门	84.47	2.12	-0.57
4	加拿大	83.68	1.84	0.53
5	中国香港	82.83	0.87	-2.38
6	马来西亚	82.19	0.46	-1.06
7	泰国	81.86	-0.41	-0.62
8	南非	81.58	2.85	1.44
9	中国台湾	81.01	-0.71	-1.70
10	英国	80.97	0.70	0.12
11	美国	80.42	-2.62	-2.88
12	蒙古	80.34	-0.76	0.34
13	阿根廷	80.12	0.27	0.52
14	巴西	80.02	0.46	-2.16

续表

排名	目的地国家或地区	2023年前三季度（分）	与2019年相比（分）	与2020年相比（分）
15	澳大利亚	79.68	−2.20	−2.19
16	越南	79.64	1.22	−0.05
17	韩国	79.58	−1.25	−3.27
18	日本	79.51	−4.54	−5.42
19	意大利	79.25	−2.60	−7.20
20	西班牙	79.20	−3.03	−1.90
21	俄罗斯	78.49	−2.35	−5.59
22	法国	78.40	−4.06	−6.35
23	柬埔寨	76.58	−4.02	−4.84
24	德国	76.49	−4.76	−7.06
25	印度尼西亚	75.76	−4.75	−4.92
26	菲律宾	75.72	−4.59	−4.93
27	印度	72.08	−8.77	−6.60

1. 新加坡

游客总体满意度得分。2023年第一季度、第二季度、第三季度到访新加坡的中国游客总体满意度分别为84.13分、88.82分和85.23分，三个季度总体满意度的平均得分为86.06分，在27个抽样国家或地区中排名第一，与2019年的排名相比上升了一名。

满意度指数调查分析。2023年前三季度新加坡各项服务满意度皆高于84分（见图5-2），从三个季度各项满意度的平均值来看，各项服务满意度皆高于86分，服务水平和旅游交通的满意度得分最高，皆为89.45分；旅游住宿的满意度最低，为86.31分。2023年第二季度新加坡目的地形象满意度最高，为93.20分；第三季度旅游住宿的游客满意度最低，为84.09分。总体来看，除旅游餐饮满意度外，第二季度的各项满意度指数皆高于第一季度和第三季度；除旅游住宿和服务水平满意度外，第三季度的各项满意度指数皆高于第一季度。

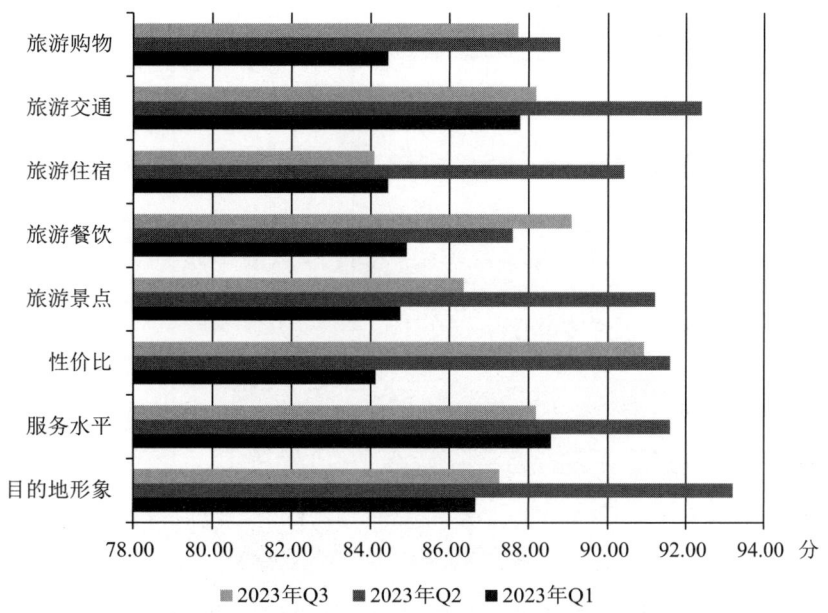

图 5-2　2023 年前三季度新加坡各窗口服务满意度指数

2. 新西兰

游客总体满意度得分。2023 年第一季度、第二季度、第三季度到访新西兰的中国游客总体满意度分别为 81.39 分、80.54 分和 91.91 分，三个季度总体满意度的平均得分为 84.62 分，在 27 个抽样国家或地区中排名第二，与 2019 年的排名相比上升了六名。

满意度指数调查分析。2023 年前三季度新西兰各项服务满意度皆高于 80 分（见图 5-3），从三个季度各项满意度的平均值来看，各项服务满意度皆高于 83 分，服务水平和性价比的满意度得分最高，皆为 88.47 分；旅游交通的满意度最低，为 83.47 分。2023 年第三季度新西兰旅游住宿满意度最高，为 97.50 分，其次为第三季度目的地形象和性价比满意度，皆为 95 分；第二季度旅游购物的游客满意度最低，为 80.00 分。总体来看，第三季度的新西兰各窗口服务满意度指数皆高于第一季度和第二季度；第二季度的目的地形象、服务水平、性价比、旅游餐饮的满意度指数皆高于第一季度。

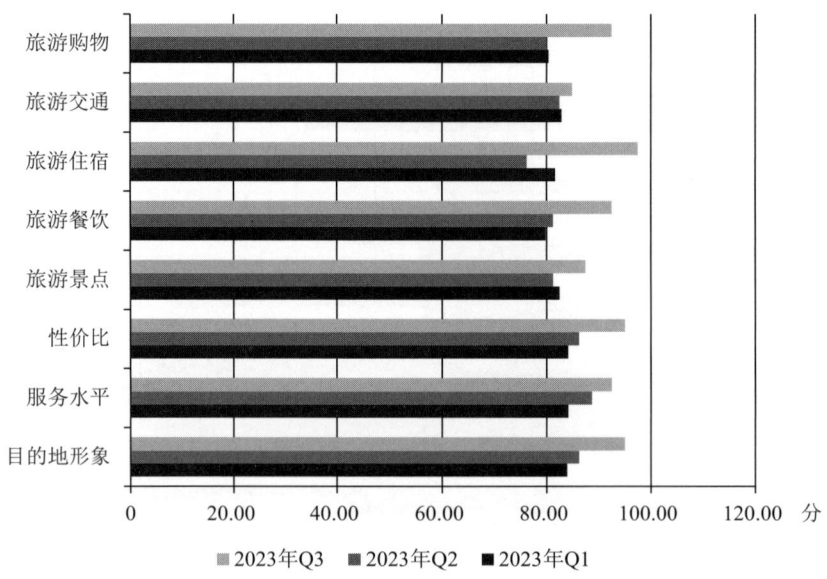

图 5-3　2023 年前三季度新西兰各窗口服务满意度指数

3. 中国澳门

游客总体满意度得分。2023 年第一季度、第二季度、第三季度到访中国澳门的中国内地游客总体满意度分别为 85.06 分、84.90 分和 83.44 分，三个季度总体满意度的平均得分为 84.47 分，在 27 个抽样国家或地区中排名第三，与 2019 年的排名相比上升了二名。

满意度指数调查分析。2023 年前三季度中国澳门各项服务满意度皆高于 78 分（见图 5-4），从三个季度各项满意度的平均值来看，各项服务满意度皆高于 82 分，服务水平和目的地形象的满意度得分最高，为 86.46 分和 86.28 分；旅游餐饮的满意度最低，为 82.51 分。2023 年第一季度中国澳门服务水平的满意度最高，为 88.00 分，其次为第二季度目的地形象满意度，为 87.61 分；第三季度旅游餐饮的游客满意度最低，为 78.56 分。总体来看，第三季度各窗口服务满意度指数皆低于第一季度和第二季度；除旅游住宿、性价比和服务水平满意度外，第二季度的中国澳门其余窗口服务满意度指数皆高于第一季度。

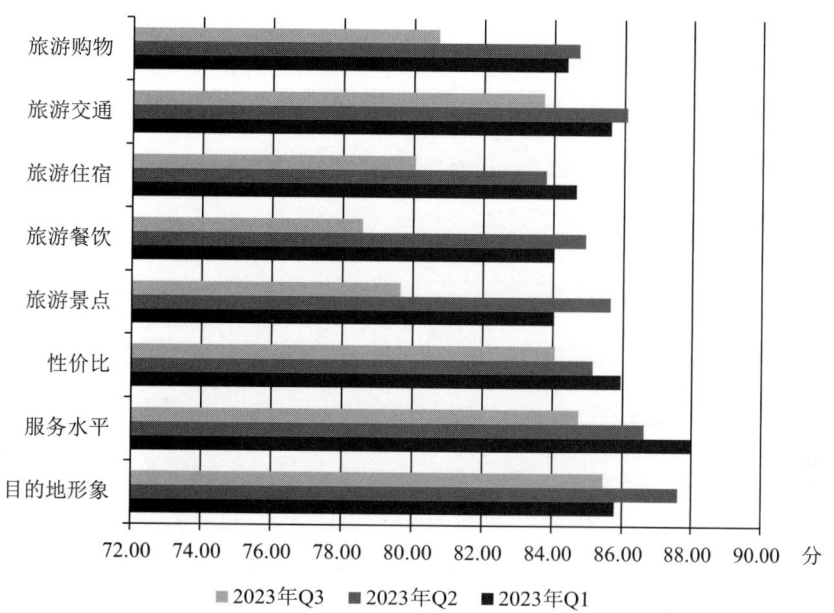

图 5-4　2023 年前三季度中国澳门各窗口服务满意度指数

4. 加拿大

游客总体满意度得分。2023 年第一季度、第二季度、第三季度到访加拿大的中国游客总体满意度分别为 81.44 分、86.46 分和 83.13 分，三个季度总体满意度的平均得分为 83.68 分，在 27 个抽样国家或地区中排名第四，与 2019 年的排名相比上升了八名。

满意度指数调查分析。2023 年前三季度加拿大各项服务满意度皆高于 75 分（见图 5-5），从三个季度各项满意度的平均值来看，各项服务满意度皆高于 81 分，服务水平的满意度得分最高，为 85.38 分；旅游景点的满意度最低，为 81.26 分。2023 年第二季度加拿大性价比的满意度最高，为 92.27 分，其次为第二季度旅游交通满意度，为 90.45 分；第一季度旅游购物的游客满意度最低，为 75.76 分。总体来看，第二季度各窗口服务满意度指数皆高于第一季度和第三季度；除目的地形象、服务水平、性价比、旅游景点满意度外，第三季度的其余窗口服务满意度指数皆高于第一季度。

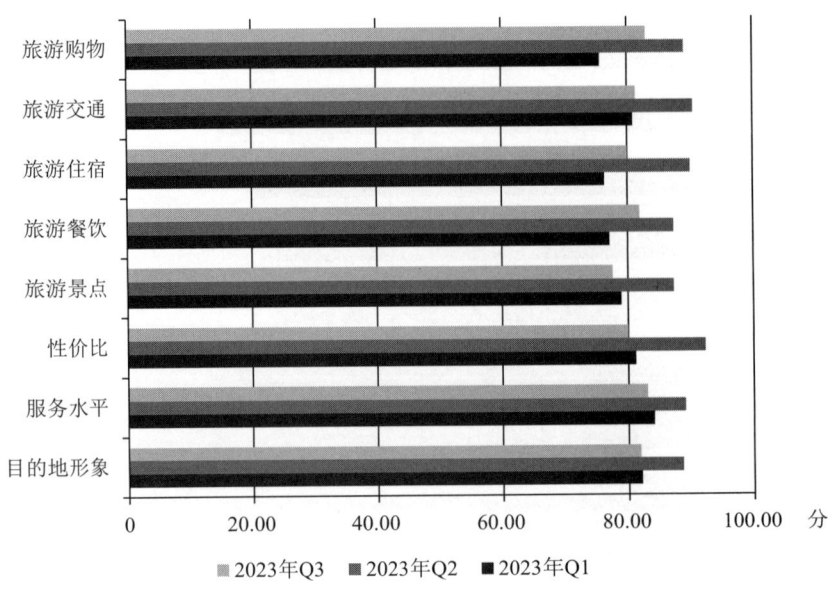

图 5-5　2023 年前三季度加拿大各窗口服务满意度指数

5. 中国香港

游客总体满意度得分。2023 年第一季度、第二季度、第三季度到访中国香港的内地游客总体满意度分别为 84.29 分、82.95 分和 81.23 分，三个季度总体满意度的平均得分为 82.83 分，在 27 个抽样国家或地区中排名第五，与 2019 年的排名相比上升了四名。

满意度指数调查分析。2023 年前三季度中国香港各项服务满意度皆高于 79 分（见图 5-6），从三个季度各项满意度的平均值来看，各项服务满意度皆高于 82 分，目的地形象的满意度得分最高，为 87.06 分；旅游住宿的满意度最低，为 82.43 分。2023 年第一季度和第二季度中国香港目的地形象的满意度最高，为 88.34 分和 87.46 分；第三季度旅游景点的游客满意度最低，为 79.09 分。总体来看，中国香港各窗口服务满意度指数呈现逐渐下滑趋势，第一季度各窗口服务满意度指数皆高于第二季度和第三季度；第二季度各窗口服务满意度指数皆高于第三季度。

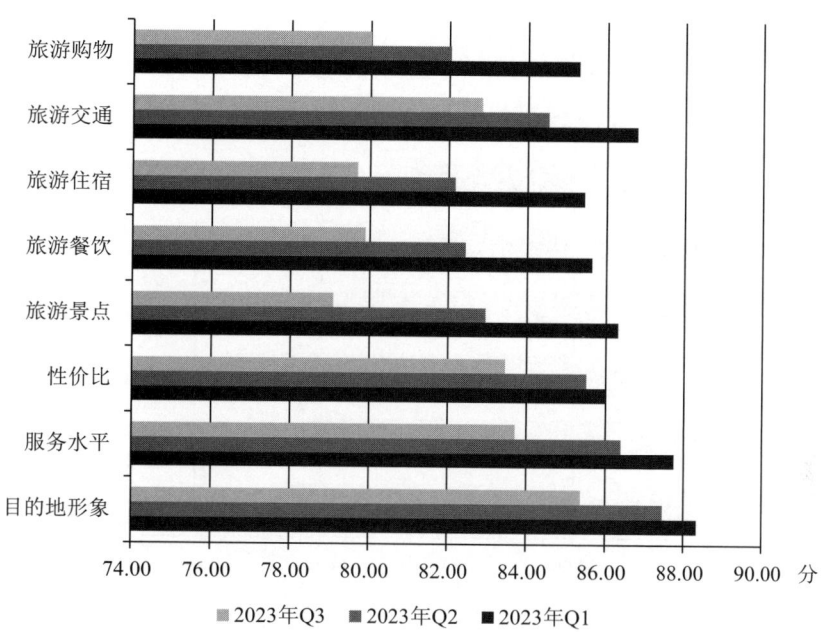

图 5-6 2023 年前三季度中国香港各窗口服务满意度指数

6. 马来西亚

游客总体满意度得分。2023 年第一季度、第二季度、第三季度到访马来西亚的中国游客总体满意度分别为 82.64 分、80.99 分和 82.92 分，三个季度总体满意度的平均得分为 82.19 分，在 27 个抽样国家或地区中排名第六，与 2019 年的排名相比上升了七名。

满意度指数调查分析。2023 年前三季度马来西亚各项服务满意度皆高于 75 分（见图 5-7），从三个季度各项满意度的平均值来看，各项服务满意度皆高于 79 分，目的地形象的满意度得分最高，为 85.20 分；旅游住宿的满意度最低，为 79.65 分。2023 年第一季度马来西亚目的地形象的满意度最高，为 87.27 分；第三季度旅游交通的游客满意度最低，为 75.00 分。总体来看，除性价比外，第一季度各窗口服务满意度指数皆高于第二季度和第三季度；除旅游景点满意度外，第二季度的其余窗口服务满意度指数皆高于第三季度。

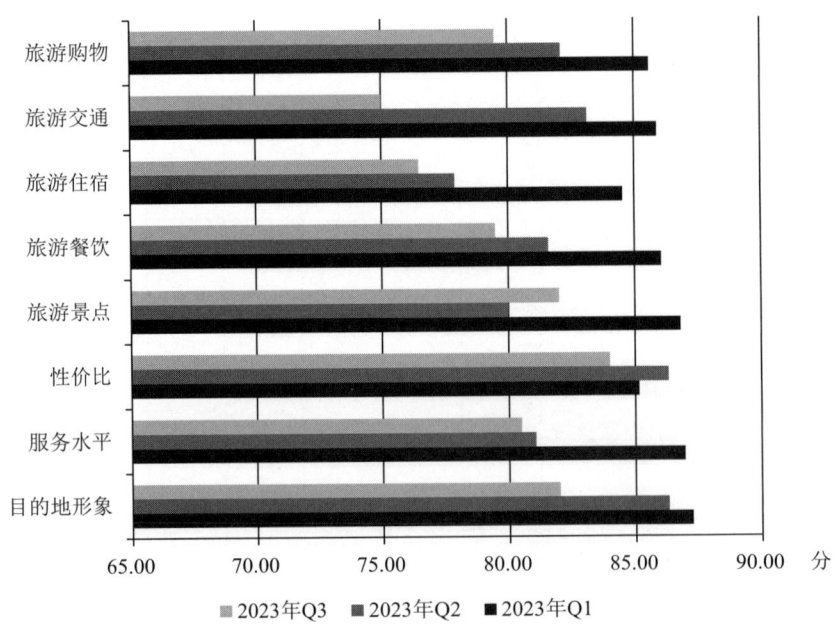

图 5-7　2023 年前三季度马来西亚各窗口服务满意度指数

7. 泰国

游客总体满意度得分。2023 年第一季度、第二季度、第三季度到访泰国的中国游客总体满意度分别为 81.78 分、82.51 分和 81.29 分，三个季度总体满意度的平均得分为 81.86 分，在 27 个抽样国家或地区中排名第七，与 2019 年的排名相比下降了一名。

满意度指数调查分析。2023 年前三季度泰国各项服务满意度皆高于 77 分（见图 5-8），从三个季度各项满意度的平均值来看，各项服务满意度皆高于 80 分，目的地形象的满意度得分最高，为 84.02 分；旅游购物的满意度最低，为 80.02 分。2023 年第二季度泰国目的地形象的满意度最高，为 86.32 分；第一季度性价比的游客满意度最低，为 77.95 分。总体来看，第二季度各窗口服务满意度指数皆高于第一季度和第三季度；除旅游景点、旅游交通、旅游购物满意度外，第三季度的其余窗口服务满意度指数皆高于第一季度。

第五章　变化中的目的地满意度
Chapter 5　Destination Satisfaction in Change

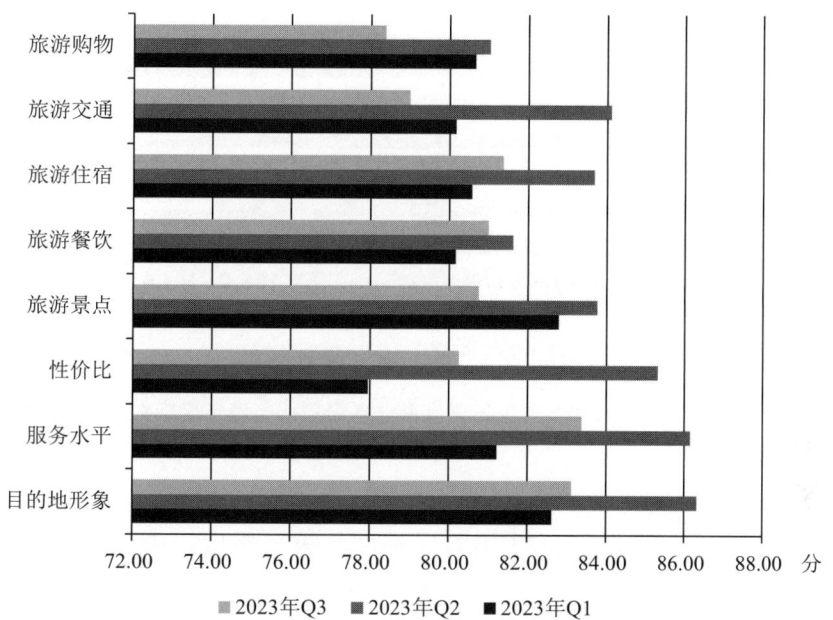

图 5-8　2023 年前三季度泰国各窗口服务满意度指数

8. 南非

游客总体满意度得分。2023 年第一季度、第二季度、第三季度到访南非的中国游客总体满意度分别为 80.20 分、79.99 分和 84.54 分，三个季度总体满意度的平均得分为 81.58 分，在 27 个抽样国家或地区中排名第八，与 2019 年的排名相比上升了十八名。

满意度指数调查分析。2023 年前三季度南非各项服务满意度皆高于 68 分（见图 5-9），从三个季度各项满意度的平均值来看，各项服务满意度皆高于 79 分，旅游景点的满意度得分最高，为 84.01 分；旅游购物的满意度最低，为 79.08 分。2023 年第一季度南非旅游交通的满意度最高，为 93.33 分；第二季度旅游住宿的游客满意度最低，为 68.57 分。总体来看，第一季度各窗口服务满意度指数皆高于第二季度和第三季度；除旅游餐饮、服务水平满意度外，第三季度的其余窗口服务满意度指数皆高于第二季度。

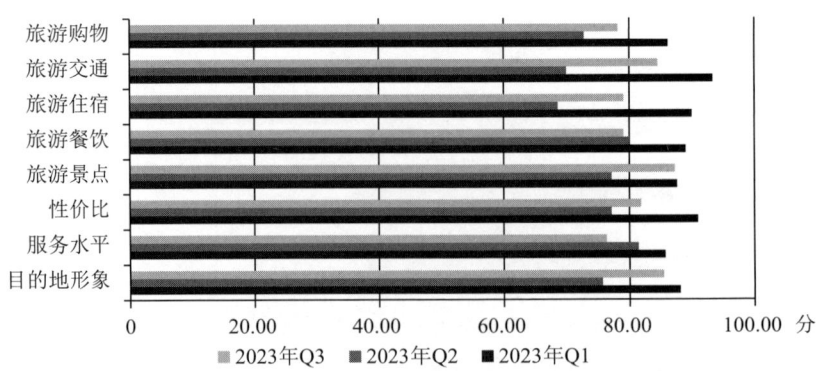

图 5-9　2023 年前三季度南非各窗口服务满意度指数

9. 中国台湾

游客总体满意度得分。2023 年第一季度、第二季度、第三季度到访中国台湾的中国大陆游客总体满意度分别为 81.34 分、82.53 分和 79.15 分，三个季度总体满意度的平均得分为 81.01 分，在 27 个抽样国家或地区中排名第九，与 2019 年的排名相比上升了五名。

满意度指数调查分析。2023 年前三季度中国台湾各项服务满意度皆高于 74 分（见图 5-10），从三个季度各项满意度的平均值来看，各项服务满意度皆高于 77 分，服务水平的满意度得分最高，为 83.19 分；旅游景点的满意度最低，为 77.42 分。2023 年第二季度台湾旅游交通的满意度最高，为 84.69 分；第三季度旅游餐饮的游客满意度最低，为 74.94 分。总体来看，除旅游景点、性价比满意度外，第二季度其余窗口服务满意度指数皆高于第一季度和第三季度；除目的地形象满意度外，第一季度的其余窗口服务满意度指数皆高于第三季度。

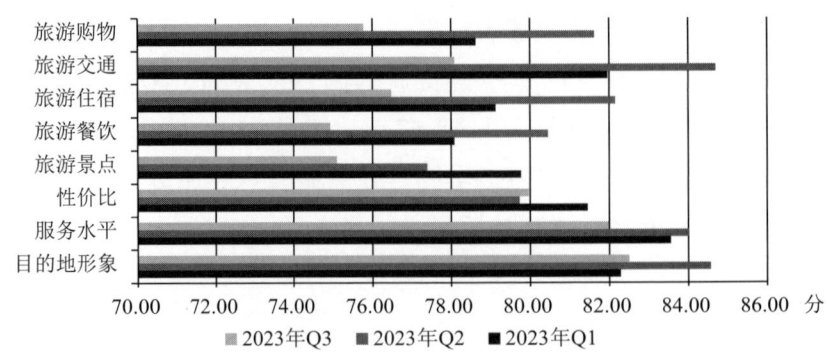

图 5-10　2023 年前三季度中国台湾各窗口服务满意度指数

10. 英国

游客总体满意度得分。2023年第一季度、第二季度、第三季度到访英国的中国游客总体满意度分别为82.50分、78.16分和82.26分，三个季度总体满意度的平均得分为80.97分，在27个抽样国家或地区中排名第十，与2019年的排名相比上升了十三名。

满意度指数调查分析。2023年前三季度英国各项服务满意度皆高于72分（见图5-11），从三个季度各项满意度的平均值来看，各项服务满意度皆高于79分，目的地形象的满意度得分最高，为85.06分；旅游住宿的满意度最低，为79.41分。2023年第一季度英国旅游交通的满意度最高，为90.00分；第二季度旅游住宿的游客满意度最低，为72.53分。总体来看，第一季度各窗口服务满意度指数皆高于第三季度；除服务水平满意度外，第一季度其余窗口服务满意度指数皆高于第二季度；除目的地形象、服务水平满意度外，第三季度的其余窗口服务满意度指数皆高于第二季度。

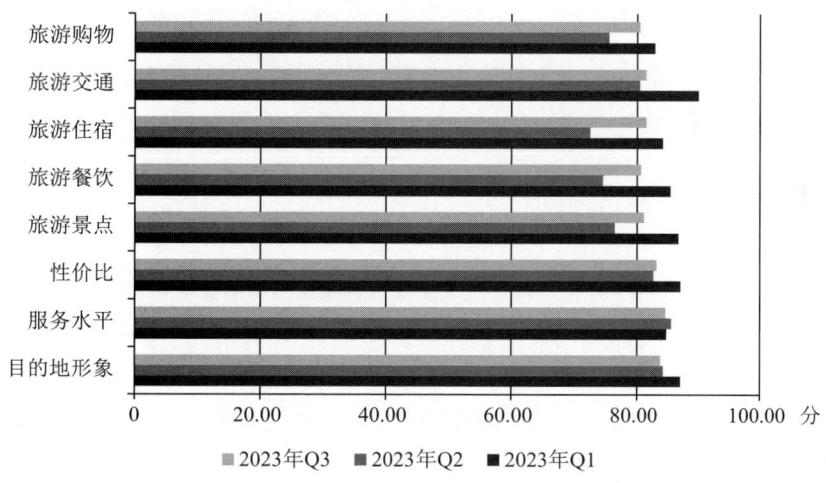

图5-11 2023年前三季度英国各窗口服务满意度指数

11. 美国

游客总体满意度得分。2023年第一季度、第二季度、第三季度到访美国的中国游客总体满意度分别为81.10分、82.97分和77.18分，三个季度总体满意度的平均得分为80.42分，在27个抽样国家或地区中排名第十一，与2019年的排名相比下降了八名。

满意度指数调查分析。2023 年前三季度美国各项服务满意度皆高于 72 分（见图 5-12），从三个季度各项满意度的平均值来看，各项服务满意度皆高于 79 分，目的地形象的满意度得分最高，为 85.36 分；旅游景点的满意度最低，为 79.06 分。2023 年第一季度美国服务水平的满意度最高，为 88.30 分；第三季度旅游餐饮的游客满意度最低，为 72.79 分。总体来看，第三季度各窗口服务满意度指数皆低于第一季度和第二季度；除旅游住宿、旅游餐饮、服务水平满意度外，第二季度其余窗口服务满意度指数皆高于第一季度。

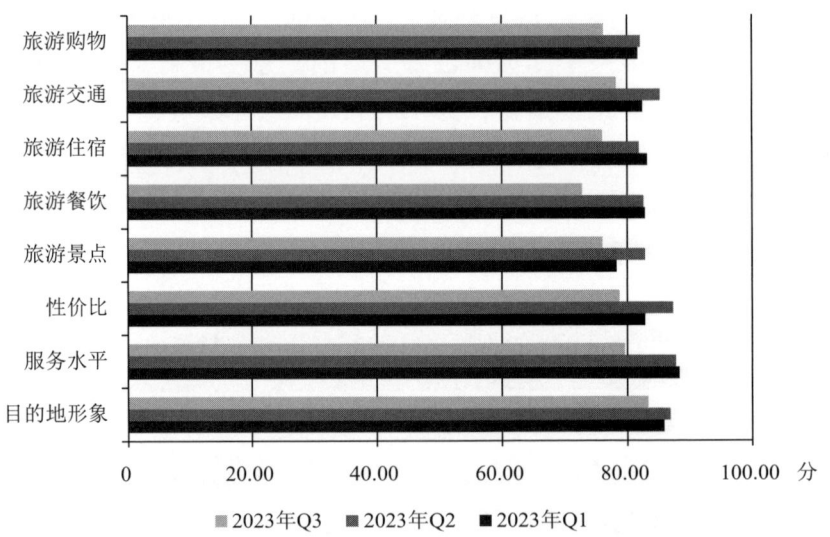

图 5-12 2023 年前三季度美国各窗口服务满意度指数

12. 蒙古

游客总体满意度得分。2023 年第一季度、第二季度、第三季度到访蒙古的中国游客总体满意度分别为 78.58 分、84.44 分和 77.99 分，三个季度总体满意度的平均得分为 80.34 分，在 27 个抽样国家或地区中排名第十二，与 2019 年的排名相比上升了四名。

满意度指数调查分析。2023 年前三季度蒙古各项服务满意度皆高于 75 分（见图 5-13），从三个季度各项满意度的平均值来看，各项服务满意度皆高于 80 分，目的地形象的满意度得分最高，为 84.55 分；旅游景点的满意度最低，为 80.30 分。2023 年第二季度蒙古目的地形象的满意度最高，为 88.18 分；第二季度旅游餐饮的游客满意度最低，为 75.45 分。总体来看，第三季度各窗口服务满意度指数皆低于第一季度；除旅游景点、旅游餐饮外，第二季度其余窗口服务满意度指数皆高于第三季度。

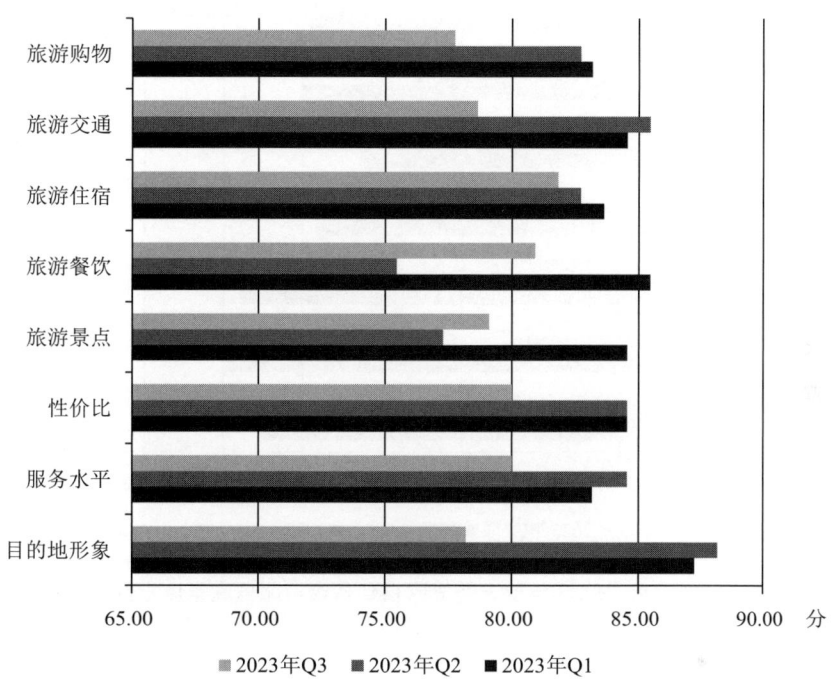

图 5-13　2023 年前三季度蒙古各窗口服务满意度指数

13. 阿根廷

游客总体满意度得分。2023 年第一季度、第二季度、第三季度到访阿根廷的中国游客总体满意度分别为 78.88 分、80.64 分和 80.84 分，三个季度总体满意度的平均得分为 80.12 分，在 27 个抽样国家或地区中排名第十三，与 2019 年的排名相比上升了十一名。

满意度指数调查分析。2023 年前三季度阿根廷各项服务满意度皆高于 75 分（见图 5-14），从三个季度各项满意度的平均值来看，各项服务满意度皆高于 78 分，旅游交通的满意度得分最高，为 83.06 分；旅游餐饮的满意度最低，为 78.97 分。2023 年第二季度阿根廷旅游交通的满意度最高，为 84.86 分；第三季度旅游餐饮的游客满意度最低，为 75.81 分。总体来看，除旅游购物、旅游住宿、服务水平外，第三季度各窗口服务满意度指数皆低于第二季度；除旅游景点、旅游餐饮、性价比外，第三季度各窗口服务满意度指数皆高于第一季度。

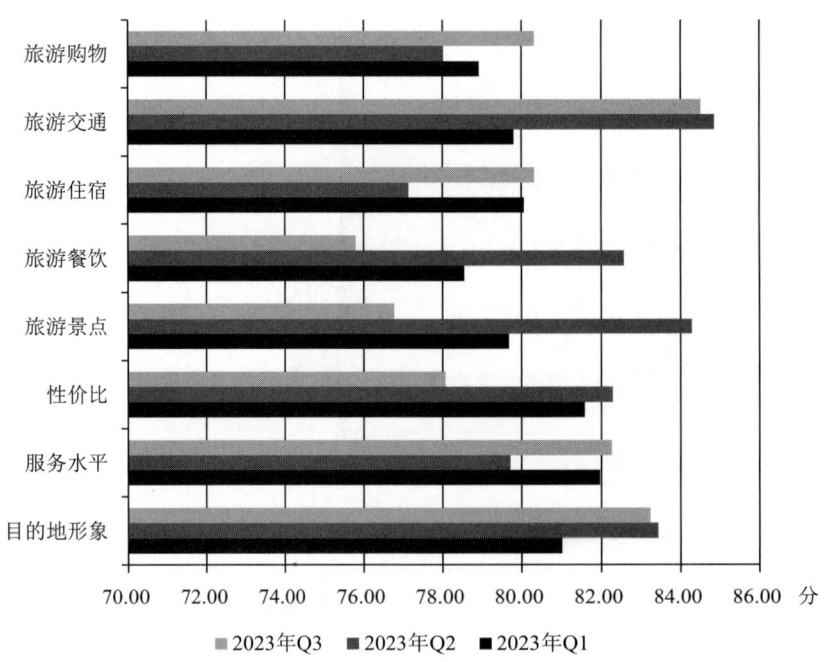

图 5-14　2023 年前三季度阿根廷各窗口服务满意度指数

14. 巴西

游客总体满意度得分。2023 年第一季度、第二季度、第三季度到访巴西的中国游客总体满意度分别为 79.52 分、79.74 分和 80.79 分，三个季度总体满意度的平均得分为 80.02 分，在 27 个抽样国家或地区中排名第十四，与 2019 年的排名相比上升了十一名。

满意度指数调查分析。2023 年前三季度巴西各项服务满意度皆高于 74 分（见图 5-15），从三个季度各项满意度的平均值来看，各项服务满意度皆高于 77 分，性价比的满意度得分最高，为 82.67 分；旅游餐饮的满意度最低，为 77.38 分。2023 年第二季度巴西性价比的满意度最高，为 83.38 分；第三季度旅游餐饮的游客满意度最低，为 74.85 分。总体来看，除旅游购物、旅游景点、性价比外，第一季度各窗口服务满意度指数皆高于第二季度和第三季度；除旅游交通外，第二季度各窗口服务满意度指数皆高于第三季度。

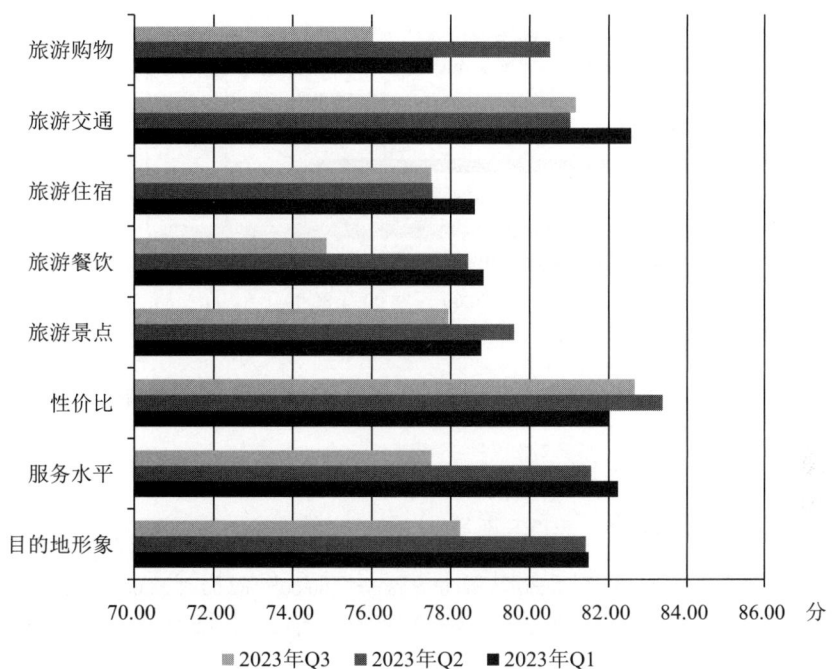

图 5-15　2023 年前三季度巴西各窗口服务满意度指数

15. 澳大利亚

游客总体满意度得分。2023 年第一季度、第二季度、第三季度到访澳大利亚的中国游客总体满意度分别为 79.51 分、80.23 分和 79.29 分，三个季度总体满意度的平均得分为 79.68 分，在 27 个抽样国家或地区中排名第十五，与 2019 年的排名相比下降了五名。

满意度指数调查分析。2023 年前三季度澳大利亚各项服务满意度皆高于 75 分（见图 5-16），从三个季度各项满意度的平均值来看，各项服务满意度皆高于 77 分，服务水平的满意度得分最高，为 82.99 分；旅游购物的满意度最低，为 77.41 分。2023 年第一季度澳大利亚服务水平的满意度最高，为 84.00 分；第三季度旅游景点的游客满意度最低，为 75.36 分。总体来看，第二季度各窗口服务满意度指数皆高于第三季度；除旅游交通、旅游餐饮、服务水平、目的地形象外，第二季度各窗口服务满意度指数皆高于第一季度。

87

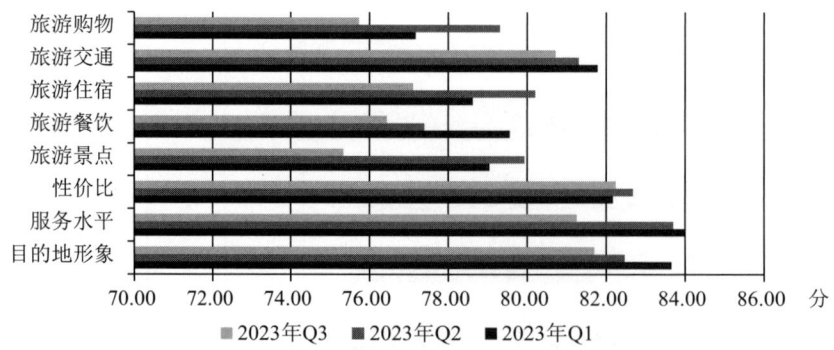

图 5-16　2023 年前三季度澳大利亚各窗口服务满意度指数

16. 越南

游客总体满意度得分。2023 年第一季度、第二季度、第三季度到访越南的中国游客总体满意度分别为 82.40 分、86.82 分和 69.70 分，三个季度总体满意度的平均得分为 79.64 分，在 27 个抽样国家或地区中排名第十六，与 2019 年的排名相比上升了十一名。

满意度指数调查分析。2023 年前三季度越南各项服务满意度皆高于 60 分（见图 5-17），从三个季度各项满意度的平均值来看，各项服务满意度皆高于 75 分，性价比的满意度得分最高，为 85.53 分；旅游购物的满意度最低，为 75.25 分。2023 年第二季度越南服务水平的满意度最高，为 91.00 分；第三季度旅游景点的游客满意度最低，为 60 分。总体来看，第二季度各窗口服务满意度指数皆高于第一季度和第三季度；第一季度各窗口服务满意度指数皆高于第三季度。

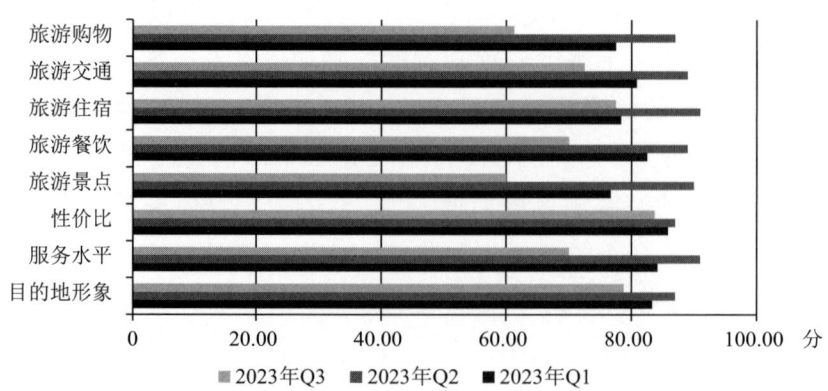

图 5-17　2023 年前三季度越南各窗口服务满意度指数

17. 韩国

游客总体满意度得分。2023年第一季度、第二季度、第三季度到访韩国的中国游客总体满意度分别为80.48分、79.71分和78.54分,三个季度总体满意度的平均得分为79.58分,在27个抽样国家或地区中排名第十七,与2019年的排名相比上升了二名。

满意度指数调查分析。2023年前三季度韩国各项服务满意度皆高于77分(见图5-18),从三个季度各项满意度的平均值来看,各项服务满意度皆高于79分,目的地形象的满意度得分最高,为82.95分;旅游餐饮的满意度最低,为79.43分。2023年第三季度韩国目的地形象的满意度最高,为83.75分;第二季度旅游餐饮的游客满意度最低,为77.46分。总体来看,第三季度各窗口服务满意度指数皆高于第一季度和第二季度;第一季度各窗口服务满意度指数皆高于第二季度。

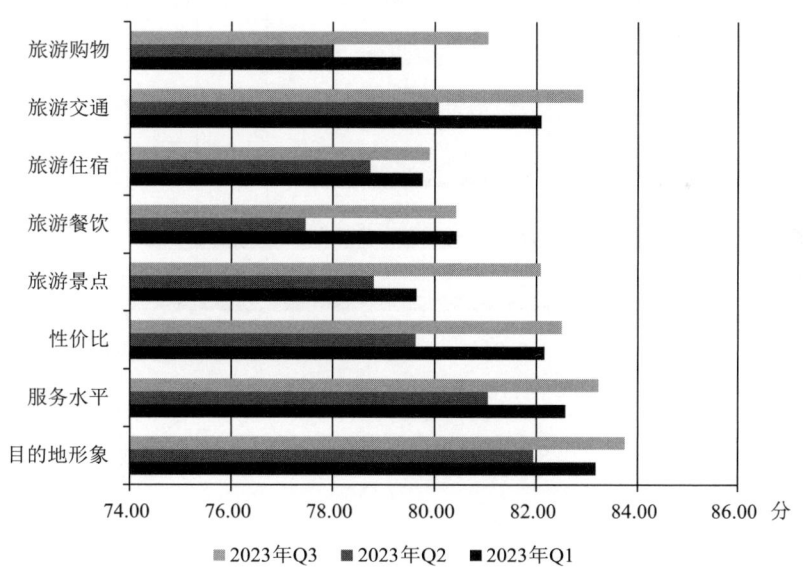

图5-18　2023年前三季度韩国各窗口服务满意度指数

18. 日本

游客总体满意度得分。2023年第一季度、第二季度、第三季度到访日本的中国游客总体满意度分别为79.53分、80.28分和78.71分,三个季度总体满意度的平均得分为79.51分,在27个抽样国家或地区中排名第十八,与2019年的排名相比下降了十七名。

满意度指数调查分析。2023年前三季度日本各项服务满意度皆高于73分（见图5-19），从三个季度各项满意度的平均值来看，各项服务满意度皆高于76分，服务水平的满意度得分最高，为83.12分；旅游住宿的满意度最低，为76.43分。2023年第一季度日本目的地形象的满意度最高，为84.27分；第三季度旅游餐饮的游客满意度最低，为73.96分。总体来看，第二季度各窗口服务满意度指数皆高于第三季度；除性价比外，第一季度各窗口服务满意度指数皆高于第三季度。

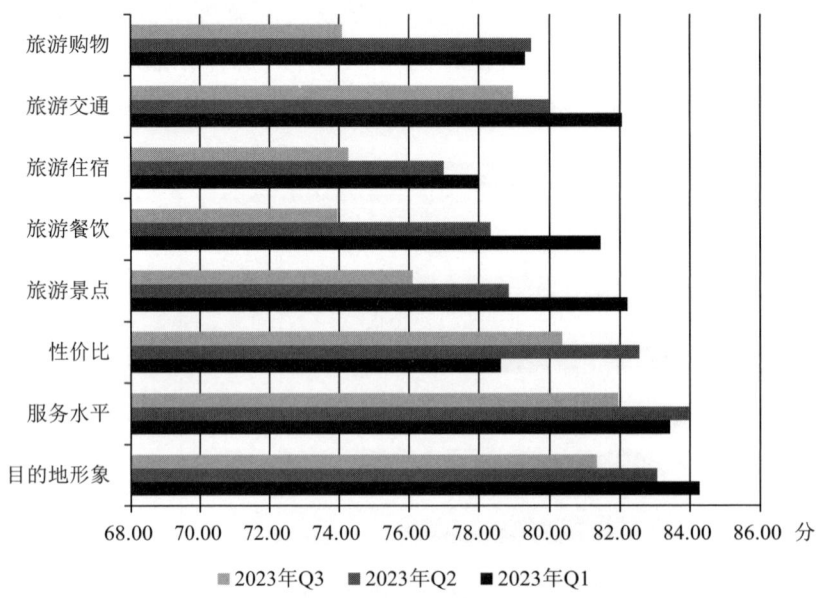

图5-19　2023年前三季度日本各窗口服务满意度指数

19. 意大利

游客总体满意度得分。2023年第一季度、第二季度、第三季度到访意大利的中国游客总体满意度分别为82.31分、79.79分和75.64分，三个季度总体满意度的平均得分为79.25分，在27个抽样国家或地区中排名第十九，与2019年的排名相比下降了八名。

满意度指数调查分析。2023年前三季度意大利各项服务满意度皆高于71分（见图5-20），从三个季度各项满意度的平均值来看，各项服务满意度皆高于75分，服务水平的满意度得分最高，为81.88分；旅游住宿的满意度最低，为

75.67分。2023年第二季度意大利目的地形象的满意度最高,为88.64分;第三季度旅游住宿的游客满意度最低,为71.11分。总体来看,第三季度各窗口服务满意度指数皆低于第一季度和第二季度;除旅游购物、旅游住宿、旅游餐饮、旅游景点外,第二季度各窗口服务满意度指数皆高于第一季度。

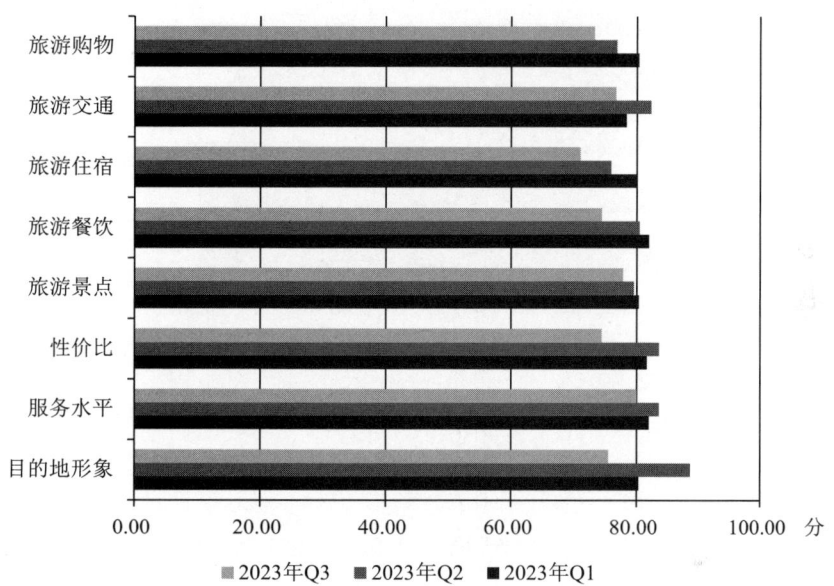

图5-20 2023年前三季度意大利各窗口服务满意度指数

20. 西班牙

游客总体满意度得分。2023年第一季度、第二季度、第三季度到访西班牙的中国游客总体满意度分别为80.63分、75.34分和81.62分,三个季度总体满意度的平均得分为79.20分,在27个抽样国家或地区中排名第二十,与2019年的排名相比下降了十三名。

满意度指数调查分析。2023年前三季度西班牙各项服务满意度皆高于65分(见图5-21),从三个季度各项满意度的平均值来看,各项服务满意度皆高于67分,性价比和目的地形象的满意度得分最高,为82.50分;旅游住宿和旅游交通的满意度最低,为67.50分。2023年第三季度西班牙性价比的满意度最高,为90.00分;第三季度旅游住宿和旅游交通的游客满意度最低,为65.00分。总体来看,除服务水平外,第一季度各窗口服务满意度指数皆高于第二季度;除旅游住宿、旅游交通外,第三季度各窗口服务满意度指数皆高于第一季度。

91

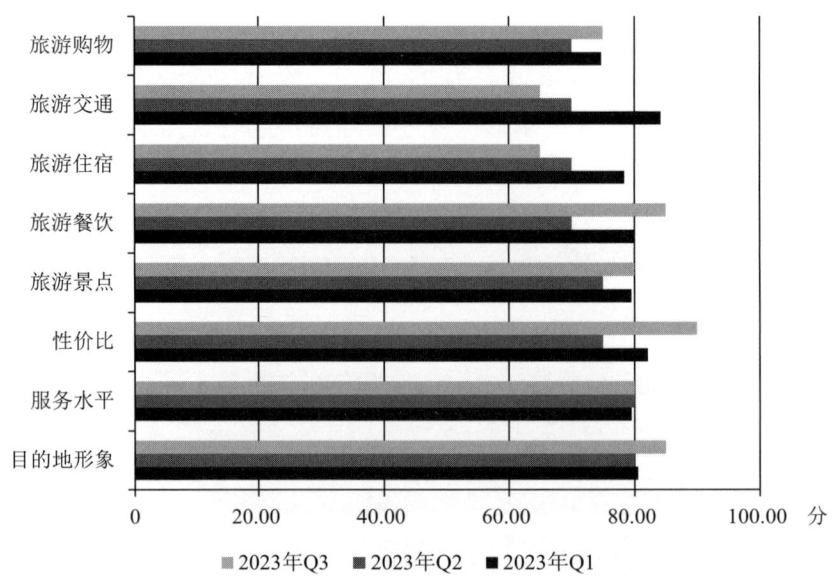

图 5-21　2023 年前三季度西班牙各窗口服务满意度指数

21. 俄罗斯

游客总体满意度得分。2023 年第一季度、第二季度、第三季度到访俄罗斯的中国游客总体满意度分别为 79.31 分、80.40 分和 75.76 分，三个季度总体满意度的平均得分为 78.49 分，在 27 个抽样国家或地区中排名第二十一，与 2019 年的排名相比下降了三名。

满意度指数调查分析。2023 年前三季度俄罗斯各项服务满意度皆高于 77 分（见图 5-22），从三个季度各项满意度的平均值来看，各项服务满意度皆高于 78 分，目的地形象的满意度得分最高，为 83.04 分；旅游餐饮的满意度最低，为 78.06 分。2023 年第三季度俄罗斯性价比的满意度最高，为 84.96 分；第三季度旅游餐饮的游客满意度最低，为 76.83 分。总体来看，除旅游餐饮、旅游景点外，第三季度各窗口服务满意度指数皆高于第一季度；除旅游餐饮、旅游交通、旅游景点外，第三季度各窗口服务满意度指数皆高于第二季度。

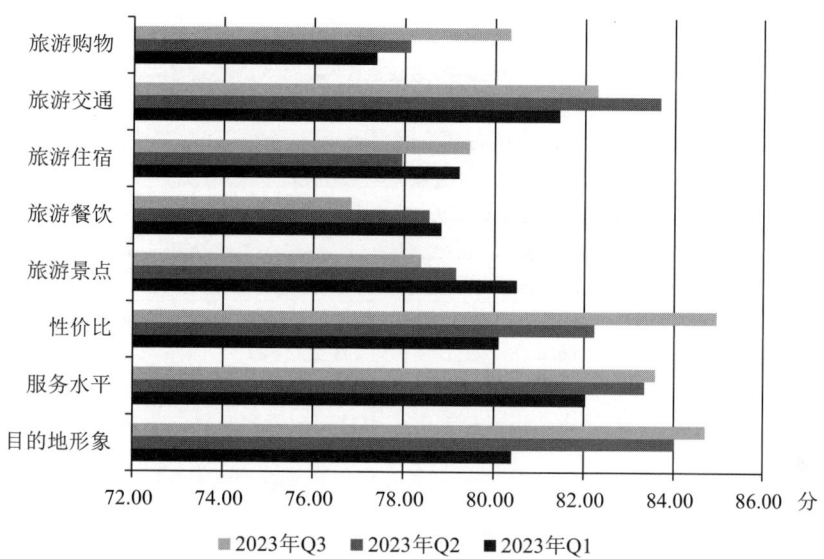

图 5-22　2023 年前三季度俄罗斯各窗口服务满意度指数

22. 法国

游客总体满意度得分。2023 年第一季度、第二季度、第三季度到访法国的中国游客总体满意度分别为 79.29 分、74.61 分和 81.30 分，三个季度总体满意度的平均得分为 78.40 分，在 27 个抽样国家或地区中排名第二十二，与 2019 年的排名相比下降了十八名。

满意度指数调查分析。2023 年前三季度法国各项服务满意度皆高于 67 分（见图 5-23），从三个季度各项满意度的平均值来看，各项服务满意度皆高于 74 分，目的地形象的满意度得分最高，为 81.27 分；旅游餐饮的满意度最低，为 74.20 分。2023 年第三季度法国目的地形象的满意度最高，为 84.22 分；第二季度旅游餐饮的游客满意度最低，为 67.43 分。总体来看，第三季度各窗口服务满意度指数皆高于第一季度和第二季度；除目的地形象外，第一季度各窗口服务满意度指数皆高于第二季度。

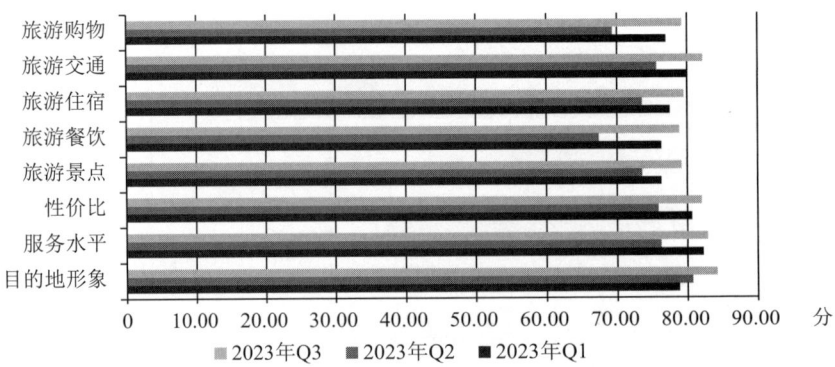

图 5-23　2023 年前三季度法国各窗口服务满意度指数

23. 柬埔寨

游客总体满意度得分。2023 年第一季度、第二季度、第三季度到访柬埔寨的中国游客总体满意度分别为 68.00 分、80.03 分和 81.70 分，三个季度总体满意度的平均得分为 76.58 分，在 27 个抽样国家或地区中排名第二十三，与 2019 年的排名相比下降了三名。

满意度指数调查分析。2023 年前三季度柬埔寨各项服务满意度皆高于 66 分（见图 5-24），从三个季度各项满意度的平均值来看，各项服务满意度皆高于 74 分，旅游景点的满意度得分最高，为 80.58 分；旅游餐饮的满意度最低，为 74.38 分。2023 年第二季度柬埔寨旅游景点的满意度最高，为 85.00 分；第一季度旅游住宿的游客满意度最低，为 66.88 分。总体来看，除旅游住宿外，第二季度各窗口服务满意度指数皆高于第三季度；第二季度和第三季度各窗口服务满意度指数皆高于第一季度。

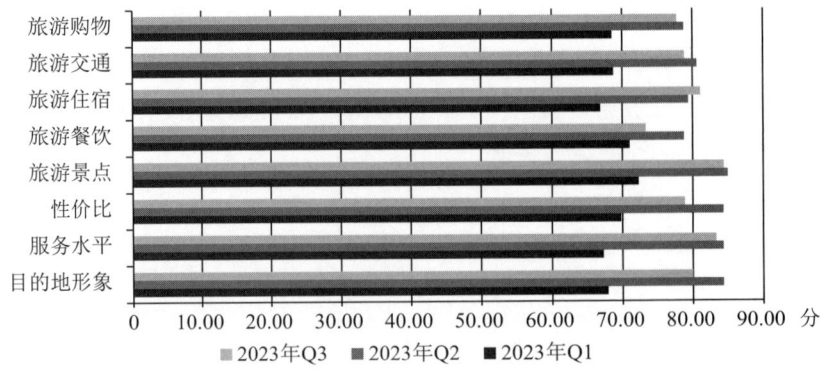

图 5-24　2023 年前三季度柬埔寨各窗口服务满意度指数

第五章　变化中的目的地满意度
Chapter 5　Destination Satisfaction in Change

24. 德国

游客总体满意度得分。2023年第一季度、第二季度、第三季度到访德国的中国游客总体满意度分别为78.01分、77.17分和74.31分，三个季度总体满意度的平均得分为76.49分，在27个抽样国家或地区中排名第二十四，与2019年的排名相比下降了九名。

满意度指数调查分析。2023年前三季度德国各项服务满意度皆高于63分（见图5-25），从三个季度各项满意度的平均值来看，各项服务满意度皆高于70分，服务水平的满意度得分最高，为80.41分；旅游餐饮的满意度最低，为70.32分。2023年第二季度服务水平的满意度最高，为82.17分；第二季度旅游餐饮的游客满意度最低，为63.62分。总体来看，除性价比外，第一季度各窗口服务满意度指数皆高于第三季度；除性价比、目的地形象、服务水平外，第一季度各窗口服务满意度指数皆高于第二季度。

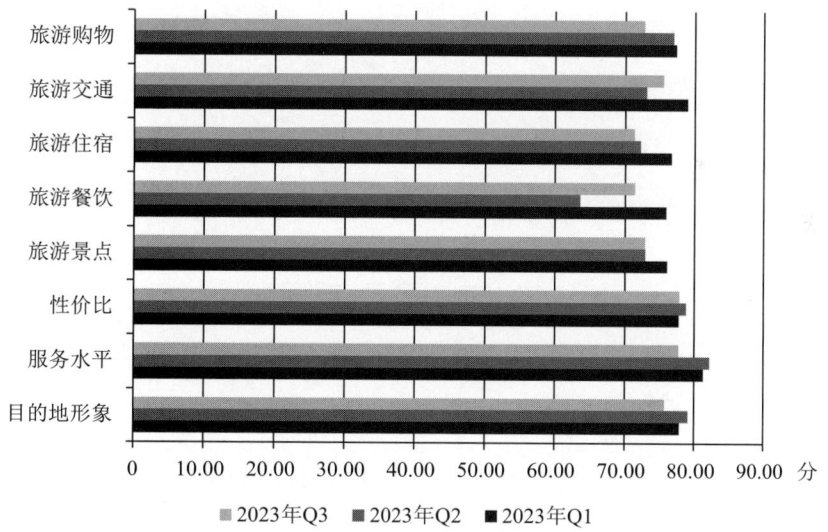

图5-25　2023年前三季度德国各窗口服务满意度指数

25. 印度尼西亚

游客总体满意度得分。2023年第一季度、第二季度、第三季度到访印度尼西亚的中国游客总体满意度分别为71.20分、81.86分和74.21分，三个季度总体满意度的平均得分为75.76分，在27个抽样国家或地区中排名第二十五，与2019年的排名相比下降了四名。

满意度指数调查分析。2023年前三季度印度尼西亚各项服务满意度皆高于66分（见图5-26），从三个季度各项满意度的平均值来看，各项服务满意度皆高于77分，服务水平的满意度得分最高，为80.56分；旅游住宿的满意度最低，为74.89分。2023年第二季度目的地形象的满意度最高，为91.00分；第一季度目的地形象的游客满意度最低，为66.00分。总体来看，除旅游购物外，第二季度各窗口服务满意度指数皆高于第三季度；第一季度各窗口服务满意度指数皆低于第二季度和第三季度。

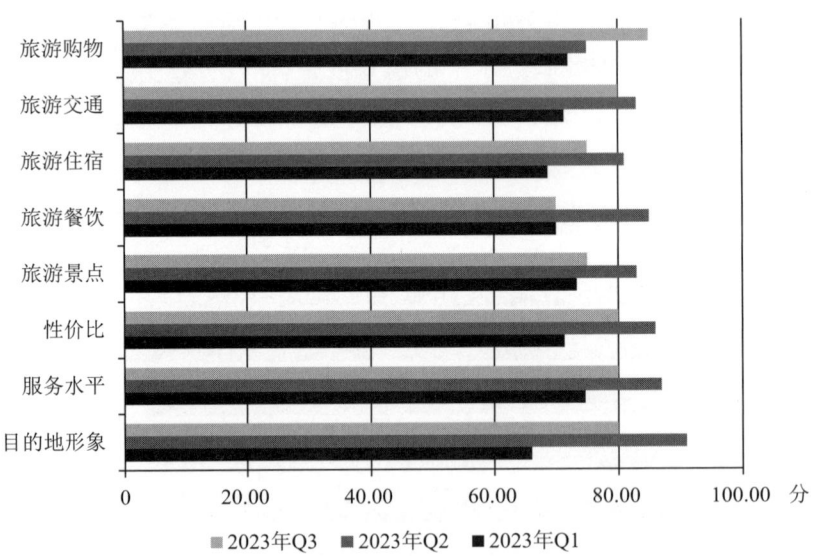

图 5-26　2023 年前三季度印度尼西亚各窗口服务满意度指数

26. 菲律宾

游客总体满意度得分。2023年第一季度、第二季度、第三季度到访菲律宾的中国游客总体满意度分别为76.52分、71.74分和78.91分，三个季度总体满意度的平均得分为75.72分，在27个抽样国家或地区中排名第二十六，与2019年的排名相比下降了四名。

满意度指数调查分析。2023年前三季度菲律宾各项服务满意度皆高于64分（见图5-27），从三个季度各项满意度的平均值来看，各项服务满意度皆高于70分，性价比的满意度得分最高，为79.91分；旅游餐饮的满意度最低，为70.99分。2023年第三季度性价比的满意度最高，为86.67分；第二季度目的地形象的游客满意度最低，为64.59分。总体来看，除性价比、服务水平、目的地形象外，第二季度各窗口服务满意度指数皆高于第一季度和第三季度。

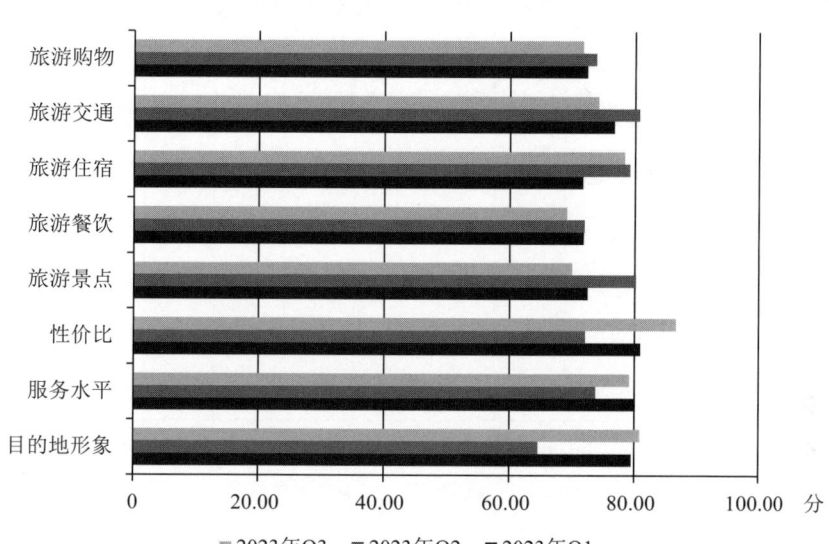

图 5-27　2023 年前三季度菲律宾各窗口服务满意度指数

27. 印度

游客总体满意度得分。2023 年第一季度、第二季度、第三季度到访印度的中国游客总体满意度分别为 66.91 分、79.87 分和 69.46 分，三个季度总体满意度的平均得分为 72.08 分，在 27 个抽样国家或地区中排名第二十七，与 2019 年的排名相比下降了十名。

满意度指数调查分析。2023 年前三季度印度各项服务满意度皆高于 58 分（见图 5-28），从三个季度各项满意度的平均值来看，各项服务满意度皆高于 70 分，性价比的满意度得分最高，为 76.58 分；旅游购物的满意度最低，为 70.18 分。2023 年第二季度性价比的满意度最高，为 85.45 分；第三季度旅游住宿的游客满意度最低，为 58.57 分。总体来看，第二季度各窗口服务满意度指数皆高于第一季度和第三季度；除性价比、旅游景点外，第一季度各窗口服务满意度指数皆高于第三季度。

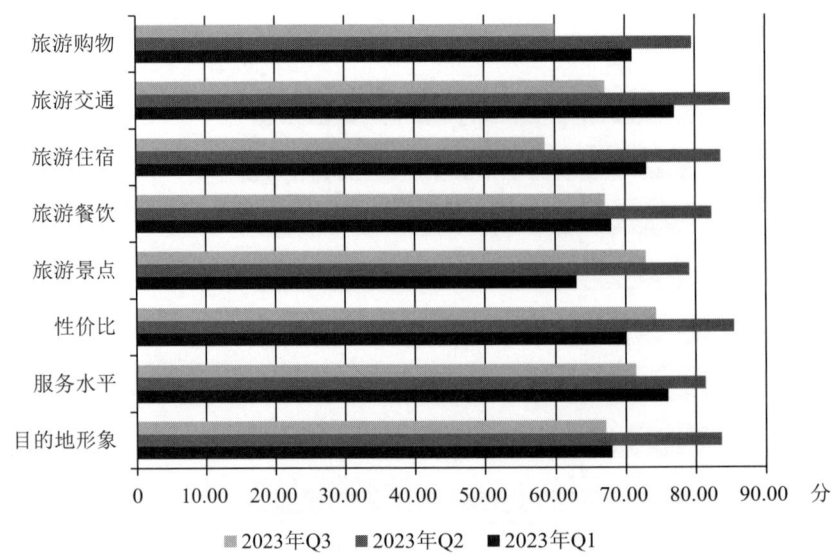

图 5-28　2023 年前三季度印度各窗口服务满意度指数

第六章
对未来的判断和展望

未来我国出境旅游的恢复和发展，依然取决于多重因素的综合作用。

积极的因素是明显的。比如，日益深入人心的世界旅游共同体理念为出境旅游发展明确了发展的方向和关注的重点，宏观经济长期向好的基本面、收入水平的不断增长保障了出境旅游的进一步发展。已经形成的出游习惯也为出境旅游的发展提供了稳固的支撑，国际客运航班有序恢复运营和签证服务的持续恢复并不断优化也为出境旅游发展提供了更好的环境。整体上看，出境旅游供应链的恢复进程也将越来越快。

形成阻碍的因素也同样明显。世界经济形势的不确定性依然突出，有损便利化的单边主义和保护主义抬头。国内经济发展进程同样存在不确定性，这也在相当程度上影响了游客的出境旅游意愿。市场主体所面临的供应链问题还需要时间才能得到根本的缓解。中国游客越来越多选择出境游的同时，其面临的安全风险敞口也越来越大，现实遭遇的旅游安全问题也越来越多。

综合考虑这些变量，积极因素仍然是主流，积极乐观应该是未来出境旅游发展的主基调。

2023年，预测出境旅游人数为8950万人次，与2019年相比同比恢复58%，与2020年相比，同比增长316%。2024年预测出境旅游人数为1.30亿人次。

一、影响出境旅游恢复发展的因素分析和未来判断

（一）对出境旅游的认知和期待更趋于理性

在文化和旅游部先后发布三批共138个开放出境团队游和"机票＋酒店"业务的国家名单后，积压三年的探亲、求学和商务旅行等刚性出境需求形成了释放的现实可能，但表现并不均衡。2023年9月，多个出境旅游目的地的市场恢复程度只相当于2019年同期的10%~20%，远低于年初时估计的25%~28%的整体水平。虽然在经历三年疫情后，业界、目的地和旅游者等各个方面对出境旅游的快速恢复抱有较高的期待。但在复杂的形势影响和资源的明显限制下，各方对出境旅游恢复的认知和期待渐渐趋于理性和客观。虽然依然对出境旅游的发展保持乐观，但并不会简单地套用过往长期高速的出境旅游发展经验，目

的地、市场主体对于出境旅游的恢复状况有了更为理性的期待，在恢复速度和市场结构方面有了更贴合实际的认知。

（二）供应链和市场的重塑将表现出长期性

当前疫情的负面影响还在持续发酵，加上受外交形势和地缘政治的影响，以及集中发生的境外目的地游客安全事件，出境旅游的环境风险凸显，供应链修复屡遭冲击。市场恢复分化严重，一些目的地的市场恢复并不如"乙类乙管"时乐观，供应链恢复也有待时日。签证依然是影响出境旅游恢复的突出问题。航班情况也不乐观。在当地服务上，疫情带来的旅游从业人员流失依然没有得到有效改善。

（三）"一带一路"出境旅游目的地的发现进程将持续

从2013年习近平主席在哈萨克斯坦首都发表重要演讲，提出共同建设"丝绸之路经济带"倡议至今，"一带一路"倡议已经走过了十年。十年来，伴随着"一带一路"倡议落地的政策沟通、设施联通、贸易畅通、资金融通和民心相通，"一带一路"相关国家间的旅游交流与合作取得了长足的进步。与此同步的，是相关国家间的旅游交流与合作又对相互间的政策沟通、设施联通、贸易畅通、资金融通和民心相通提出了新要求，注入了新动能，带动了相关产业的发展，促进单个旅游目的地向城市带、经济群升级，产生了"1+1>2"的效果。加强多双边旅游合作，扩大旅游规模，创新推出旅游产品，提高各国游客签证便利化水平等都是如此。我国出境旅游带来的千万人次交往、千亿美元产出和规模巨大的人文交流已经成为"一带一路"倡议践行中最为显著的"可视性"成果，更多国家更加意识到加入"一带一路"倡议、加强相关国家旅游合作的重要性，其他区域的国家也积极谋求加入"一带一路"朋友圈，争搭"一带一路"文化和旅游合作的顺风车，旅游领域的"共商共建共享"的命运共同体意识成为潮流。这些都为中国游客更多地了解沿线出境旅游目的地并且实际到访创造了可能，"一带一路"的原有出境目的地将会有更"新"的发现，也会有新的目的地纳入视野中来。

二、建议

（一）以世界旅游共同体为引领推动出境旅游发展

习近平总书记指出，"当今世界，各国相互依存、休戚与共"，"构建人类命运共同体是世界各国人民的前途所在"。《马尼拉世界旅游宣言》明确指出:"旅游是一种对国家生活至关重要的活动,它对各国社会、文化、教育、经济及国际关系等方面会产生直接的影响。""旅游必须开展国际组织合作,以确保旅游业和谐和持久发展。"应将促进文明交流互鉴,繁荣世界文明百花园作为出境旅游发展的根本遵循,保障旅游权利,促进人的全面发展同样应该是出境旅游发展的目标。通过出境旅游发展,让不同地域、不同肤色、不同文明的人在这颗蓝色的星球上自由行走,万卷书易读,万里路不难。当前高质量旅游复苏、携手前行已成为全球旅游业的广泛共识。中国正在加速重归世界旅游体系,迎来从旅游资源大国到旅游大国再到旅游强国的新时代。有必要从世界旅游共同体的高度来理解出境旅游发展的意义。让世界共享中国机遇。出境旅游更加关注游客安全和服务品质,不再谋求任何时候对任何国家都保持服务贸易顺差,而是将安全和品质放到更加重要的目标上来。积极推动国际旅游合作,坚持全球旅游发展,坚持真正的多边主义,加强与世界旅游组织等国际旅游组织以及各国旅游主管部门的交流与合作,充分发挥世界旅游联盟、世界旅游城市联合会的积极作用。积极推动双边旅游、文化、外交、领事、出入境管理、航空、海事、口岸等部门的相互交流以及政策创新,努力为多边游客相互往来创造更多便利。充分发挥市场的决定性作用,坚持发挥企业主体性作用,不断推动优化旅游营商环境,积极推动与出境旅游目的地的旅行社、OTA、旅游批发零售商等商业机构的交流合作,不断提升服务中国公民出境旅游的能力和质量。积极开展针对中国公民出境旅游的培训或教育,发挥经营出境旅游业务旅行社的主导作用,不断提升国民出境旅游文明素质,遵守出境旅游目的地的法律法规,遵守当地的习俗习惯,努力对外展现可亲、可爱、可敬的美好中国形象。

(二)持续优化出境旅游发展条件,为出境旅游注入更多确定性

针对境外业内的期盼和签证便利化、航班优化等举措,要有针对性研究和预案储备,并适时回应各方关切。开展如何更充分挖掘当前出境旅游发展潜力的专题调研。积极推动因为疫情而导致的航线航班、签证服务、旅行社组织地接等方面的全面恢复。支持和鼓励经营出境旅游业务旅行社的全面复工复产。引导并鼓励各国驻华使领馆提高签证服务保障能力和工作效率,支持出境旅游目的地国家和地区在中国开设更多的签证申请服务机构。推动包括美国在内的重要出境目的地航线航班的进一步恢复。争取与更多经贸往来紧密、政治友好国家签订互免普通护照签证的协议,争取给予更多针对中国公民免签、落地签、电子签、减免签证费等方面的签证待遇，进一步提高中国护照的含金量。支持并积极推动边境旅游试验区和跨境旅游合作区的建设发展，形成出境旅游发展的新动力源。鼓励并支持中国银联信用卡、支付宝或者微信支付等支付方式的"走出去"步伐，引导更多国家的机场等交通枢纽、游览场所、商业机构等支持支付宝或者微信支付。

（三）以"一带一路"为出境旅游发展的优选方向

未来出境旅游的优选方向，将沿着"六廊六路多国多港"展开，依托基础设施互联互通计划，点、线、面结合，由点到线再到面，逐步放大发展辐射效应，将原来不可能成行的出境目的地变为现实的出境旅游目的地，原来不能够开发的出境旅游产品和服务也成为现实。从亚吉铁路、蒙内铁路、大马铁路、雅万铁路等标志性交通设施的竣工，再到沿跨境交通线打造发展旅游走廊或旅游经济带的逐步成型，将沿着更主动和更可控的逻辑展开。在民心相通、政策沟通顺畅、易于控制不利影响等条件下更主动地推动中国游客到访，新完善能够发挥"一带一路"倡议优势的目的地开发和产品供给策略，那些安全性高、满意度高和吸引力高的"一带一路"境外目的地，以及系列特色出境旅游产品将获得更多的竞争优势。

（四）支持开展针对中国出境市场的营销推广

在支持出境旅游目的地开拓中国出境旅游市场的同时，积极促进中外游客的双向互动。充分借助中国国际旅游交易会、中国（北京）国际服务贸易交易会等大型展会平台，推进国际旅游批发商、零售商与中国出境旅行社、OTA等的相互对接。研究与重要出境旅游目的地国家之间开展"游客互换计划"，促进与相关国家或地区游客的规模化双向往来。支持和引导出境旅游目的地使领馆、旅游主管部门以及旅游企业等机构借助中国微信、微博、抖音等大型自媒体平台开设宣传旅游产品的公众号、抖音号等账号。进一步加强出境旅游目的地产品的开发。鼓励并支持经营出境旅游业务的旅行社等机构，及时上线并开辟更多的出境旅游产品或项目。加强对西亚、非洲、南美等与"一带一路"共建国家旅游市场产品的开拓力度。适应人们经历疫情之后旅游需求的变动特点，增加与健康、运动、养生、养老、研学等领域相关的产品或项目。

后 记
POSTSCRIPT

疫情已经过去，有序开放的进程给出境旅游的发展带来了稳固的确定性和日益增进的信心。无论是出境旅游目的地、市场主体、从业者还是游客，都正在一点点地累积信心，也正在一点点地向必将到来的繁荣迈进。

也要看到，疫情所带来的影响依然存在，并且在未来相当长一段时间内依然作用于出境旅游的发展。不仅如此，经济恢复的压力、未来收入的预期、旅游安全问题、疫情的反复和猴痘等传染病的突发、一些国家和地区收紧的签证政策和签证办理进程缓慢，以及近期国际政策形势不确定性都给出境旅游的恢复带来了现实阻碍。相比疫情前和疫情之中，似乎一切都有所变化，特别是供应链的恢复，更是这样。其中的制约和影响，以及蕴含在其中的机会和希望，都需要各方的更多认知和体会。

在新的时期，世界旅游共同体理念所带来的发展动能正在越来越清晰地显现出来，让世界共享中国机遇。出境旅游更加关注游客安全和服务品质，不再谋求任何时候对任何国家都保持服务贸易顺差，而是将安全和品质放到更加重要的目标上来。持续优化出境旅游发展条件，为出境旅游注入更多确定性，以"一带一路"为出境旅游发展的优选方向，针对中国出境市场的营销推广等正在成为多方的共识和现实的行动。

为了更好地帮助境内外旅游主管部门、相关旅游企业与研究机构系统了解未来的中国出境旅游，年度报告按照疫情消退和政策放开的逻辑，从确定性和不确定性、市场的现实和期待、修复与行动以及变化中的满意度的逻辑展开，更新调整了框架结构和调研方案，进行了适当的改版。

报告在戴斌院长的关心和指导下完成，经课题组成员多次讨论后形成了包括问卷设计、访谈提纲、调研组织在内的工作方案。在报告写作过程中，进行

后记
Postscript

了大量的市场调研与访谈，并得到了携程和马蜂窝等合作伙伴的大力支持。唐晓云副院长对报告提出了宝贵建议，并提供了重要帮助。在多次讨论修订后，形成终稿。

本报告的主要执笔人分工如下：第一章，朱昊赟、白慧茹；第二章，杨劲松、韩霄、白慧茹；第三章，杨劲松、韩霄、刘鑫；第四章，杨劲松、张燕、韩霄、李隆辉；第五章，韩霄、韩晋芳、刘祥艳；第六章，杨劲松、张金山。

书中数据如无特殊说明，均来自中华人民共和国文化和旅游部数据中心的统计数据以及中国旅游研究院的抽样调查数据。

课题组

2023 年 10 月 26 日